Smart Book

漢文讀解捷徑시리즈 3

한문독해첩경

문학편

박상수 이화춘 이지곤 원주용 편저

전통문화연구회

한문독해첩경 연구·편집위원회

2000년 한문 장벽의 도전

광복光復 이후 줄곧 문제가 제기된 한자漢字와 한글의 어문정책語文政策에 관하여 2005년 정부가 한글전용을 지향하는 '국어기본법國語基本法'을 입법하자, 주요 어문단체語文團體와 관계 인사들이 격분하여 정부에 '국어기본법' 반대 의견서를 제출하였다. 이 어문정책은 각종 도서나 문서 등에 대한 대중의 독해력讀解力을 저하시킬 뿐만 아니라, 한문고전을 독해해야 하는 한국학韓國學 또는 동양학東洋學 전공자에게는 '불통不通'을 초래할 수도 있다는 더 큰 문제가 있다.

우리는 한자문화권漢字文化圈에서 공용문자共用文字인 한자를 2000년 이상 써오면서 동아시아 문화권을 형성해오다가, 서세동점西勢東漸으로 불과 100여 년이 못 되어 역사와 문화의 단절斷切을 겪고 있다. 이에 본회는 세계를 주도하는 선진문화한국을 만들기 위하여 선진문화한국 VISION 2030을 추진하고 있다.

사실 한자 문제는 개화기 이후 서양西洋의 신교육新敎育이 범람하여 한문독해의 필요성이 적어지자, 전통적 한학수학漢學修學이 거의 사라지면서 시작된 것이다. 우리의 현실을 돌아보면, 유치원부터 박사학위 과정까지 적어도 20년 이상 영어英語의 교육과 시험을 치르는 현상이 마치 조선시대 과거科擧를 준비하던 한학수학漢學修學의 풍경과 비슷하다고 하겠다.

한문이든 영어든 모두 문리터득文理攄得과 독해에 능통能通하려면 상당한 기간과 막대한 경비를 요要하기에, 우리 청춘靑春을 거의 바쳐야 하니 참담한 일이 아닐 수 없다. 그러나 우리글과 사회에서는 영어보다 한자어를 주로 사용하고, 또 우리 일상이 한자문화로 둘러싸여 있어 한문을 본격적으로 연수하려고 한다면 그렇게 어려운 글은 결코 아니다.

한문독해력은 21세기 동북아東北亞 시대에, 특히 동양학이나 한국학 전공자나 지식인知識人에게 절대로 필요한 것이며, 한자는 동북아문화권東北亞文化圈의 공용共用문자로서 한韓·중中·일日이 800자를 선정하여 상식과 교양으로 제정 권고한 바도 있다.

돌아보면 1974년 한문고전 번역 후계자 양성을 위하여 민족문화추진회에 국역연수원國譯硏修院을 정부에서 설립하였을 때, 한문 문리터득을 위한 교육을 위해 여러 한학자漢學者와 동양학東洋學 교수 등이 모여서 토의한 바 있다. 이때 몇몇 분이 전통적인 한문학습에 서양 이론을 융합하자는 의견을 주셨다. 즉, 우리의 한학漢學 독해법讀解法은 정서적情緖的·감성적感性的이고, 서양의 언어言語 독해법은 분석적分析的·이성적理性的이라는 것이다. 모두 일리가 있으므로 이 둘을 융합하는 연구가 필요했다.

이러한 연구사업은 동양학·학국학의 기초를 다지는 기반사업이자 한문고전 기본서의 말뭉치와 패턴을 정보화하는 등 고전정보화를 진행하는 데에 필요한 기초사업이다. 이 때문에 우리는 동양고전의 한문독해력 신장을 위한 기초자료와 연구서를 만들기 위하여 수년간 노력하여 왔다.

그간 국내외 교육자료, 연구서 등 참고자료를 수집하여 정리하고, 국내 전공자 또는 실무 전문가들과 협의協議하면서 토의討議하여 기초부터 책별·분야별·단계별로 교재와 강의를 시험해왔으나 더욱 더 연구가 필요한 부분도 여전히 남아 있다.

또 단계적으로 잘 짜여진 '한문독해첩경 시리즈'라고 하나 어학에 능숙하자면 사실 끈기의 문제이므로, 실제 학습성과學習成果는 연수자 각자의 의욕과 노력에 달려 있다. 따라서 개인의 특성과 장점을 살려 자기 방법을 설정하여 필사必死의 노력을 쏟으면서, 동시에 최근 모바일 기기機器 등 정보처리 기술을 연수에 활용하여 자기自己 시스템화한다면 단기간에 많은 효과를 얻을 것이다.

동지 여러분들이 이 첩경捷徑을 연수함으로써, 2000여 년의 역경을 극복하여 단기간에 한문독해 장벽障壁을 넘어서려는 확고한 도전정신만 있다면 우리 한국이 동양학을 선도先導하여 동방東方의 빛이 되리라 확신한다. 그간 이 첩경의 연구개발에 참여하신 여러 선생님들께 감사의 말씀을 드리고, 앞으로도 계속 지도·연구하여 주시기를 기원한다.

사단법인 전통문화연구회 이사장 이계황李啓晃

《한문독해첩경漢文讀解捷徑 문사철편文史哲篇》을 집필하며

주지하듯, 한문독해漢文讀解는 동서東西와 고금古今을 막론한 난제難題이다. 동서양의 주요 한문교육 관련 저술에도 모두 한문독해의 어려움을 기술하고 있다. 전문가들은 한문독해력 신장을 위해서 다양한 분야의 한문 문장을 반복적으로 익혀야 한다고 강조하고 있다. 이러한 지난至難한 과정을 거쳐 문장의 의미를 파악하고 한문의 특성을 체득體得하는 것을 흔히 문리文理라고 하는데, 이러한 방법을 오늘날에도 그대로 적용하기란 어려운 것이 현실이다.

그러나 이 말을 뒤집어 곱씹어보면, 다양한 한문 문장을 익히는 방법을 굳이 수없이 읽어 문장을 익히는 방식에서 벗어나 개화기 이후 시도하여 온 첩경捷徑 형태와 1970년대 말에 시도된 본격적인 고전연수에서 지금까지 축적된 기본문장과 확장된 문장의 패턴pattern을 정리하여 한문 입문자들과 심화 학습자에게 제공한다면 그들의 한문독해력 신장에 유익한 일이라 보았다. 게다가 최근 학교나 사회에 서구적西歐的 학습과정을 거친 이들에게 이러한 방법은 독자들의 한문독해력 신장에 분명 도움이 되리라 확신한다.

우선 본 연구진은 한문 문장의 패턴pattern을 연구하면서, 한문을 배우기 시작하는 초보자에서부터 한층 심화 학습이 필요한 다양한 수요층이 만족할 만한 자료들을 정리하였다. 이에 본 연구진은 문학과 사학, 철학서의 다양한 자료들을 선별하고 검토하여 보다 쉽고 빠르게 학습할 수 있는 문장들을 선별하였다.

이러한 문장선별의 대상 자료로는 사서삼경四書三經을 비롯한 한韓·중中·일日의 개인 문집, 《조선왕조실록朝鮮王朝實錄》, 《승정원일기承政院日記》, 《주자대전朱子大全》, 《성리대전性理大全》 등과 각종 기본基本 한문서漢文書 등의 약 11만 자字의 원문과 그 해석을 데이터베이스Database로 구축된 자료를 참고하여 자료를 추출하였다. 또한 영미권英美圈의 대표적 서적인 《Outline of Classical Chinese Grammar》 (Edwin G. Pulleyblank, University of British Columbia)와 《A New Pratical Primer of Literary Chinese》(Paul Rouzer, Harvard East Asian MonoGraphy)와 《A knowledge of the Chinese Language》 (Joseph Henri Prémare)를 참고하고, 중국과 일본의 《古代漢語》(王力, 中華書局), 《古代漢語通論》(朱松植, 延邊大學出版社), 《古漢語虛詞》(楊伯峻, 中華書局), 《漢文入門》(小川環樹·西田太一郞, 岩波全書) 등과 기존 구축한 DB와 비교 분석 과정의 실증적 과정을 거쳤으며, 각각의 예문例文 선정시에는 상기 서적들과 최근 중고교 한문교과서漢文敎科書에 수록된 예문, 다수 대학의 교양한문 등을 참

조하여 적절한 문장을 채택하였다.

「漢文讀解捷徑 文史哲篇」(이하 「文史哲篇」)은 각 1책冊씩 총 3책으로, 《漢文讀解捷徑 文學篇》은 韓國·中國·日本의 한문 문장을 문체별, 국가별 순으로 제공하여 한문의 대체를 익힐 수 있도록 하였으며, 《漢文讀解捷徑 史學篇》은 중국과 한국의 정사正史·야사野史·잡사雜史 등의 문장을 국가별·시대별 순으로 제공하여 역사歷史 문장의 대체를 익힐 수 있도록 하였으며, 《漢文讀解捷徑 哲學篇》은 중국과 한국의 경전經傳 및 제자서諸子書 등의 문장을 국가별·시대별 순으로 제공하여 철학哲學 문장의 대체를 익힐 수 있도록 하였다. 물론 「文史哲篇」에서도 《漢文讀解基本패턴》에서 제공한 패턴을 동시에 제시함으로써 문사철文史哲 분야의 주요 어휘語彙와 문장의 구성構成 특징 및 문장패턴의 구조構造를 익힐 수 있도록 하였다.

서구의 한문학습 방법을 구문이나 패턴에 의한 이성적理性的이며 분석적 방법으로 본다면, 우리는 현토懸吐와 송독誦讀이라는 특수한 형태인 감성적感性的 방법으로 한문을 익혀왔다고 할 수 있을 것이다. 그 방법의 효과에 대한 평을 차치하고, 분명한 것은 한국의 한문학습 방법은 중中·일日이나 서구西歐의 그것과 달랐다는 것이다. 연구팀에서는 이 둘의 장단長點을 취합하여 하나의 교육용 콘텐츠(소프트웨어)에 담아내고, 이를 각 소단원별로 QR코드로 연결하여 연수의 편의를 돕고자 하였다. 이 소프트웨어에서는 독음讀音 익히기, 따라읽기, 듣기, 구두句讀 끊기, 패턴pattern 찾기, 축자逐字 익히기 등등 다양한 연수 기능을 제공하며 점차 강의 등 자료를 확대할 계획이다.

본회는 이제 '한문독해첩경시리즈' 중 '문사철文史哲 독해첩경시리즈'를 이어 특수特殊분야와 문체별·도서별·시대별·국가별 등도 추가하고 동시에 별도로 중국어, 일어, 영어권 학습자들을 위한 한문독해 콘텐츠도 준비하고 있다. 끝으로 바쁜 시간 쪼개어 자문해주신 원로 선생님들, 초고를 일독해주신 검토위원진, 시강試講을 수차례 반복해오신 교육연구진, 축자逐字DB 구축에 참여한 연구원들과 검토해주신 선생님들께 감사의 마음을 전하며, 앞으로 계속 한문교육 전문가들의 조언助言을 바란다.

연구집필위원장 이충구李忠九

일러두기 및 연수방법

1. 이 책의 성격

1) 이 책은 "한문독해첩경 시리즈"로 집필된 자료이다. 이 책은 한문독해력漢文讀解力을 익히기 위해 출간된 기본 학습서 《漢文독해기본패턴》, 《四書독해첩경》 등을 학습한 이후 다양한 문장을 심화 학습할 수 있도록 정리한 기본적 자료임.
2) 기초 한문을 익힌 다음 각 전공이나 심도 있는 학습이 필요한 사람들을 위한 교재이다. 전공이나 관심분야에서 한문독해의 필요에 따라 본격적으로 한문문장을 배우기 시작하는 이들을 대상으로 함.
3) 정보화 기술을 활용한 '스마트북SmartBook'이다. 교수-학습의 효율성을 제고하기 위하여 각종 참고자료를 '정보화 기술을 활용한 스마트북'임.

2. 책의 구성

다음과 같은 분야를 주요 학습의 범주로 구성하여 제시하였다.

(1) 해설 : 각 편마다 출전과 지은이에 대한 간단한 내용을 정리하고 문장의 주제를 요약하여 제시함.

(2) 원문 : 내용을 분석하여 원문의 길이를 학습에 적절한 분량으로 나누고 문장번호를 표시함. 또한 현토를 달아 문장을 풀이하는 데 도움이 되도록 하였으며 패턴과 관련된 한자는 글자 위에 점을 찍어 주의하여 풀이할 수 있도록 하였음.

(3) 훈음 : 어렵거나 뜻이 특이한 한자를 중심으로 제시하되, 위 문장에서 사용된 뜻을 중심으로 제시함.

(4) 어휘 : 고유명사와 개념어, 주요 어휘에 대한 풀이를 제시하여 스스로 문장을 풀이하는데 도움이 되도록 제시함.

(5) 구문 패턴 : 문장 독해를 위해 주요 패턴을 원문과 연계 제시하여 기존에 학습한 패턴 학습이 다시 숙지될 수 있도록 함.

(6) 구문 해설 : 주요 허사虛辭 및 숙어熟語, 구문句文에 대한 설명을 제시하여 깊이 있는

학습이 될 수 있도록 함.

(7) 읽을거리 : 필요한 경우, 문장을 이해하는 데 도움이 되는 내용을 중심으로 읽을거리를 제시함.

3. 문장 선정기준 및 현토 원칙

1) 패턴의 선정選定 기준은 다음과 같다.

(1) 주요 '허사虛辭' 중심의 '구句' 또는 '절節'의 '문형文型'인 것.

(2) '운문韻文'이나 '산문散文'의 차이나 시대에 무관하게 일관된 형태인 것.

2) 원문 발췌拔萃의 기준은 다음과 같다.

(1) 전거典據가 명확하고, 한韓·중中·일日 공共히 인정하는 작품을 선별함.

(2) 3개국 작품作品 중 문장학습에 반드시 익혀야 하는 문장을 선별함.

(3) 선정된 문장패턴은 기타 문장 이해에 도움이 되는 확장성 있는 문장을 대상으로 함.

(4) 기본패턴과 복합패턴을 동시에 학습할 수 있는 주요작품으로 함.

(5) 위 기준에 벗어나더라도, 독특한 패턴 학습에 적합하다고 판단되는 문장을 선별함.

4. 번역 기준

1) 직역直譯 중심의 번역과 풀이 순서를 제시하였다.

(1) 문장 구조의 이해를 돕기 위하여 가급적 직역으로 풀이함.

(2) 직역만으로 풀이 순서의 이해가 어려운 구절이나 문장은 풀이 순서를 숫자로 제시함.

(3) 의역意譯이 필요한 문장은 구절 풀이를 통해 별도로 설명을 제시함.

2) 지나친 문법文法 용어 사용을 지양止揚하였다.

(1) 어법語法 설명에 필요한 주어, 서술어, 목적어, 보어 등 최소한의 용어만을 사용함. 그 경우에도 해설을 제시함.

(2) 단, 목적어目的語와 보어補語는 현행 교육과정(2015 개정)을 기준으로 분류할 경우 개념을 혼동할 여지가 많아 기존의 교육과정을 따름.

5. 주요 부호符號

1) 본서에 사용된 주요 부호符號는 다음과 같다.

- 별점 원문에서 주요 패턴으로 사용된 한자.
- 윗점 주석이나 풀이가 있는 한자 및 한자어, 강조.
  (축자번호 등과 중복되는 경우에는 아랫점)
- “ ” 대화, 각종 인용.
- ‘ ’ “ ” 안에서 재인용, 강조.
- 《 》 서명, 출전.
- 〈 〉 편장명 또는 작품명, 보충역.
- [ ] 번역문과 뜻은 같으나 음이 다른 한자 및 자구, 번역 뒤에 인용한 원문.
- ( ) 생략 가능, 간주間註, 관련 문장의 일련번호
  (解 ☞ 0) 패턴의 기본 설명이 제시된 문장.
  (例 00) 해당 패턴이 사용된 예시 문장.
- # 《한문독해기본패턴》에 지정된 패턴 및 번호.
- ## 본서에 새롭게 추가한 패턴.
- ※ 기타 주요 한자 및 패턴의 쓰임.
- 〈계속〉 뒷페이지로 하나의 절이 계속 이어짐.
- … 앞페이지에서 하나의 절이 계속 이어짐.
- ▽ 끊거나 늘여서 읽을 위치.
- 숫자(¹ ²) 직해 순서.

6. 연수 방법

연수방법은 대체로 ‘전체를 일독一讀한 후 일정부분을 여러 번 반복해서 다독多讀하는 경우’,
‘처음부터 정밀하게 정독精讀하는 경우’,
‘번역문과 주석들을 먼저 읽고 원문原文을 뜯어보는 경우’,
‘관심 있는 부분을 중심으로 먼저 살펴보는 경우’ 등 각자의 습관에 따라 다양하다.
그러나 각자 아래의 몇 가지는 반드시 지켜야 독해력讀解力이 신장된다.

1) 번역문을 보기 전에 원문을 여러 번 읽고 스스로 풀이한다.
   (1) 여러 번 읽는 과정은 한문을 익숙하게 만들고 풀이 방법을 생각하는 과정임.

2) 교재에 풀이된 각종 설명을 읽어서 완전히 자기 것으로 만든다.

(1) 문장에 대한 설명은 왜 이런 설명을 넣었는지 생각함.

3) 소리 내어서 여러 차례 읽기(성독)와 쓰기를 반복한다.

(1) 최소한 10번 이상 소리 내어 읽고, 3회 이상 정성 들여 씀.

(2) 소리 내어 읽고 쓰는 과정은 전자파가 뇌에 전달·각인되는 효과가 있음이 증명 되었음.

4) 스마트북 기능을 이용해서 반복 학습한다.

(1) 이 책은 QR코드를 통해 문장의 다양한 정보와 학습도구를 다양하게 반복하여 제시함.

(2) 읽어주는 원문과 뜻풀이 자료도 반복해서 듣고, 따라 읽으면 독해력에 절대적인 효과가 있음.

7. 스마트북이란?

1) PC 및 Mobile 기기 등 정보화 기기를 이용한 교재의 다양한 학습 보완기능을 'Smartbook(스마트북)'이라 한다. 이는 한문 학습·연수방법과 교재의 새로운 지평이라고 하겠다.

2) 이 스마트북으로 도서의 모든 요소를 정보화하여 제공함은 물론, 그 밖의 학습요소를 추가 제공하고자 한다.

3) 이 스마트북의 정보제공 범위는 다음과 같다.

○ : 동일제공, ◎ : 확대제공

구분	내용	도서	스마트북	
			PC	Mobile
원문/현토	대상 원문과 현토	○	○	○
번역	번역문	○	○	○
직해 및 직해순	직해 및 번역하는 순서	○	◎	○
주석	주요 학습 어휘	○	◎	○
도판	삽화, 지도, 연표, 사적, 문물 등	○	◎	◎
음원音源	원문 및 번역문의 읽기, 듣기, 따라읽기 등		○	○
노트	프린터용 쓰기노트		○	
패턴	원문에 사용된 주요 구문構文 패턴 정보	○	◎	○
강좌	도서의 온라인 동영상 강의		○	○
책갈피	온라인 책갈피 기능		○	○
토론실	이용자의 토론공간		○	○

※ 일부 기능은 제작중이거나, 온라인 회원에 한하여 제공될 수 있음.

8. 스마트북 이용 방법

1) 본서는 각 단원별로 좌우측의 하단에 'QR코드'와 '단축기호'를 제공하고 있다.

2) 스마트북의 사용법은 다음과 같다.

(1) '스마트폰'을 사용할 경우 'QR코드'나 '단축주소'를 활용하여 접근한다.

※ QR코드를 이용할 때는 주요 포털 사이트의 App에서 제공되는 기능을 활용한다.

(2) PC를 사용할 경우 단원별로 제공된 '단축기호'를 활용하여 접근한다.

※ 단축주소 : "http://JTLink.kr/단축기호" (대소문자 무관)

목 차

漢文讀解捷徑 文學篇

Ⅰ. 논변류論辨類

Ⅱ. 서발류序跋類

Ⅲ. 주의류奏議類

Ⅳ. 서독류書牘類

Ⅴ. 전장류傳狀類

Ⅵ. 잡기류雜記類

I. 논변류(論辨類)

사물의 이치를 밝히고, 사상을 분석하여 시비를 따지고, 도리를 가리는 글이다.

《상서尙書》에서 시작하여, 《논어論語》에서 처음으로 '논論'이란 명칭이 붙었으며, 《묵자墨子》에 이르러 체계화되었으며, 《순자荀子》와 《한비자韓非子》가 구조와 기교에 큰 공헌을 하였다.

종류로는 논論 · 변辨 · 설說 · 의議 · 해解 · 난難 · 석釋 · 원原 · 유喩 · 대문對問 · 사론史論 등이 있다.

1 市肆說 이상한 시장

이곡李穀(1298~1351)

> 이곡은 고려시대의 학자로, 1333년 원元나라 정동성征東省 향시鄕試에 수석으로 급제하였다. 원제元帝에게 건의하여 고려에서의 처녀 징발徵發을 중지하게 하였다. 문장에 뛰어났고 고려에 돌아와 정당문학政堂文學을 지냈다. 이 글은 잘못된 풍속과 관리의 비리를 풍자한 우화이다. 《가정집稼亭集》, 《동문선東文選》 등에 실려있다.

1-1 商賈(고)所聚하여 貿易有無를 謂之市肆라 始予來都入委巷하여 見冶容誨淫者가 隨其姸媸하여 高下其直(치)하고 公然爲之호대 不小羞恥하니 是曰女肆니 知風俗之不美也라

【훈음】 賈 장사 고　肆 방자할 사　誨 가르칠 회　淫 음란할 음　隨 따를 수　姸 고울 연
媸 추할 치　冶 꾸밀 야　直(≒値) 값 치　羞 부끄러울 수　恥 부끄러울 치

【어휘】 市肆 : 시장.
- 冶容誨淫 : 얼굴을 단장하여 음탕한 마음을 일으키게 하다.
- 委巷 : 꼬불꼬불한 좁은 길이나 민간의 초라함을 일컫는 말.
- 女肆 : 기생집.

#25 A謂之B : A를 B라고 이르다

목적어 A가 서술어 B의 앞에 나오고 본래 A의 자리에 대명사 '之'가 사용된 패턴이다. 구조대로 'A, 그것을 B라고 말하다'라고 풀이되지만 줄여서 'A를 B라고 말하다'로 풀이하는 것이 더 자연스럽다.(例 51:3)

- 有無 · 無有 : '有無'는 대체로 명사로 사용되어 '있는 것과 없는 것' 또는 '가진 것(소유)' 등으로, 반면 '無有'는 대체로 서술어로 사용되어 '없다'로 풀이한다.
- 見冶容 … 不小羞恥 : 구조상 '見'(본 것)의 범위가 '不小羞恥'까지에 해당하지만, 이처럼 본 내용이 길 경우 '보니/보았더니, ~하더라'의 구조로 풀이하는 것이 편리하다.(例 1:2, 1:3, 36:2)

CV167327

※ 여기서 잠깐! 《한문독해기본패턴》을 참조하세요.

위 '#25'는 《한문독해기본패턴》(본회 고전교육연구실 편. 이하 '《기본패턴》')에 지정된 패턴 번호이다. 따라서 본서를 볼 때는 《기본패턴》의 설명과 예문을 함께 참고할 것을 권한다. 사용하는 기호는 다음과 같다.

#25 《기본패턴》의 패턴번호 ## 《기본패턴》 이외의 패턴

패턴은 가급적 해당하는 첫 문장에 설명하려 하였으나, 지면 배치를 고려하여 뒷쪽에 수록하거나 《기본패턴》의 해설을 축소·생략하였다.

장사꾼들〔商賈〕이 모여서 〈자신이〉 가진 것들을 사고파는 곳을 시장〔市肆〕이라고 이른다. 내가 일찍이 서울에 와서 골목〔委巷〕에 들어가 보니, 음탕한 마음을 일으키게 하는 〈여인들은〉 그들의 예쁜 정도에 따라 값을 올리고 내리는데, 버젓이 그런 짓을 하면서도 조금도 부끄러워하지 않았다. 그것을 '계집시장〔女肆〕'이라고 말하니, 풍속風俗이 아름답지 못한 것을 알겠다.

1-2

又入官府하여 見舞文弄法者가 隨其重輕하여 高下其直하고 公然受之하니 不小疑懼하니 是曰吏肆니 知刑政之不理也라

【훈음】 舞 춤출 무 疑 의심할 의 懼 두려울 구

【어휘】 舞文弄法 : 법도문을 왜곡하여 부정을 저지름.

또 관청에 들어가 보니, 붓대를 놀려 법을 희롱하는 자가 죄의 가볍고 무거움에 따라 값을 올리고 내려 버젓이 돈을 받으며 조금도 의심하거나 두려워하지 않는다. 이것을 '관리시장〔吏肆〕'이라고 하니, 형정刑政이 다스려지지 않는 것을 알겠다.

1-3

于今又見(현)人肆焉하니 自去年水旱民無食하여 強者爲盜賊하고 弱者皆流離하여 無所於餬口라 父母鬻兒하고 夫鬻其婦하며 主鬻其奴호되 列於市賤其估하니 曾犬豕之不如어늘 然而有司不之問이라

【훈음】 見 나타날 현 旱 가물 한 盜 훔칠 도 賊 도적 적 餬 죽 호 鬻 팔 육 估 값 고

【어휘】 流離 : 한 곳에 정착하지 못하고 이리저리 떠돌다.

A B之不如 : A는 B만 못하다

'A不如B'(A는 B만 못하다)가 기본형(例 40:2 47:3)인데, 위 문장에서는 B가 앞으로 도치되고 '之'가 추가된 독특한 형태이다.

#29 不AB : A를 B하지 않다

'부정사+서술어+대명사'의 어순이 '부정사+대명사+서술어'로 도치된 패턴이다.(例 1:3 5:2 5:3)

목적어나 보어의 구절이 긴 경우 해당 구절을 앞으로 빼내고 그 구절을 대신하는 대명사로 그 자리를 채운 후, 다시 부정문에서 대명사와 서술어가 바뀐 구조이다.(解 ☞ 《기본패턴》 #29)

- 無所於餬口 (4 3 2 1) : 입에 풀칠하는 데에 방법(所以)이 없다.

지금은 또 '인간시장(人肆)'이 생겼다. 작년부터 장마와 가뭄에 백성이 먹을 것이 없어서, 강한 자는 도적이 되고 약한 자는 다 떠도는 〈거지가〉 되어, 입에 풀칠할 길이 없어 남편은 아내를 팔고 주인은 종을 팔아서 저자에 늘어놓고 싼값에 매매하니, 일찍이 개돼지만도 못한데, 그런데도 유사有司는 그 일을 묻지 않는다.

2 范增論 범증에 관하여 논하다

이제현李齊賢(1287~1367)

이제현은 고려 시대의 문신으로 자는 중사仲思이고, 호는 익재益齋·역옹櫟翁·실재實齋이며 시호는 문충文忠이다. 이 글은 항우項羽가 무뢰배無賴輩임에도 범증范增은 그를 알아보지 못하였고, 유방劉邦이 왕이 되리란 것도 몰랐던 범증을 신랄辛辣하게 비평하고 있다.

2-1
或問 漢用三傑而王하고 楚不用范增而亡이라하니 然則增孰與三傑賢고

【훈음】 范 풀이름 범 ; 성씨 增 불을 증 ; 인명 與 견줄 여 傑 호걸 걸

【어휘】 范增 : 진秦나라 거소촌居鄛村 사람(B.C.278~B.C.204). 항우項羽의 모신謀臣이다. 항우에게 아보亞父라는 칭호로 존경받았으나, 결국 한漢과 내통한다는 혐의로 배척당하여 팽성彭城에서 죽었다.
- 三傑 : 장량張良·소하蕭何·한신韓信을 아울러 부르는 말. 한 고조漢高祖가 자기를 도와서 천하를 통일시킨 훌륭한 인물 세 사람을 가리킨 호칭.

A孰與BC : A를 B와 (비교해) 누가 더 C한가? ☞ 'A孰若BC'와 같다.

어떤 사람이 묻기를, "한漢나라는 삼걸三傑을 써서 왕이 되었고, 초楚나라는 범증范增을 쓰지 않아 망하였다고 하는데, 그렇다면 범증을 삼걸과 비교하여 누가 더 훌륭한가?"라고 하였다.

2-2
曰增方之陳平하여 猶謂不足이어든 況於三傑乎아 高祖之寬仁과 項羽之禍賊을 增所知也라

【훈음】 方 견줄 방 況 더구나 황 禍 재앙 화 賊 적 적

【어휘】 陳平 : 중국 전한前漢의 정치가(?~B.C.178). 황노黃老의 술術을 배워 고조高祖를 섬겼다.
- 高祖 : 한漢나라의 초대 황제인 유방劉邦(B.C.247~B.C.195)을 이르는 말.
- 項羽 : 항적項籍(B.C.232~B.C.202)의 성과 자를 아울러 부르는 말.

CV167309

#48 A猶B 況於C乎 : A도 오히려 B한데 더구나 C는?

'況'의 앞에 상황이나 상태를 나타내는 '尙, 猶, 旣, 已' 등의 글자가 와서 '이미 A하였는데, 하물며/게다가 B까지'로 풀이하며 의미 구조상 점층적 표현에 해당한다.

이때 '況'을 보통 '하물며'로 풀이하는데, 뒤에 의문(반어 포함)이 연결된 경우에는 '況'을 '하물며'로 그대로 풀이하고, 평서문이 이어지는 경우에는 '더구나/게다가'로 풀이해주는 것이 의미 전달에 좋다. (例 2:2 3:2 17:1 21:1 25:1 33:5)

〈나는 다음과 같이〉 대답하였다.

"범증范增은 진평陳平과 비교〔方〕해도 오히려 못하다고 할 수 있는데, 더구나〔況〕 삼걸三傑과 〈비교하겠는가.〉 한나라 고조高祖의 관대함과 항우項羽의 잔인하고 포악함을 범증이 알았던 것이다.

2-3 莫不信於背約이어늘 而羽背入關之約하고 莫不仁於殺無罪어늘 而羽坑已降(항)之卒하며 莫不義於弑君이어늘 而羽殺懷王하니 其至五年而後亡은 亦幸也라

【훈음】 坑 묻을 갱 弑 윗사람 죽일 시

【어휘】 背約 : 약속을 등지다.
- 入關之約 : 초 회왕楚懷王을 허수아비로 세운 항우가 여러 장군들에게 진秦을 공격하러 보내기에 앞서, "먼저 관중에 들어가는 사람은 관중의 왕을 삼겠다."고 한 약속을 이른다.
- 弑君 : 임금을 시해하다. '弑'는 '아랫사람이 윗사람을 죽이다'는 의미이다.
- 懷王 : 전국시대 초楚나라 왕(?~B.C.296). 장의張儀의 변설辯舌에 넘어가 국력을 소진하였고, 결국은 진秦에 사로잡혀 유폐幽閉되었다가 죽었다.

#55 莫A於B : B보다 더 A한 것은 없다

여럿 중에 가장 낫다(좋다)는 것을 뜻하는 패턴이다.(例 2:3, 18:4) '於B'가 '焉'로 축약되면 '莫A焉'이 되어 '이보다 A한 것은 없다' 또는 '가장 A하다'의 뜻으로 쓰인다. (解 ☞ 《기본패턴》 #55)

약속을 어기는 것〔背約〕보다 믿지 못할 것이 없는데도 항우는 관중으로 들어간다는 약속〔入關之約〕을 어겼고, 죄 없는 사람을 죽이는 것보다 어질지 못한 것이 없는데도 항우는 이미 항복한 군졸을 땅에 묻었으며, 임금을 시해〔弑君〕하는 것보다 의롭지 않은 것이 없는데도 항우는 초楚나라 회왕懷王을 죽였으니, 그가 5년이나 지난 뒤에 죽은 것은 그래도〔亦〕 다행이었다.

2-4

高祖則初入關也에 五星聚于東井하니 天與之也요 其王漢中也에 楚子諸侯人之慕從者가 數萬人이요 而項氏爪牙之臣도 亦多歸漢하니 人與之也라

【어휘】 五星 : 고대 중국에서부터 알려져 있던 세성歲星[목성]·형혹熒惑[화성]·태백太白[금성]·진성辰星[수성]·진성鎭星[토성]의 다섯 행성.

- 東井 : 이십팔수 가운데 스물두째 별자리.
- 爪牙之臣 : 바로 곁에서 호위하는 무사.

A之B者 : A 중에 B한 것 / B한 A

A(주로 명사) 중에서 'B(주로 형용사)한 것' 또는 'B(행위)하는 사람/것'만을 한정하여 꾸미는 패턴으로 '之'의 독특한 쓰임 중 하나이다.(例 2:4 7:2 43:4) 이때 '之, 者'는 하나가 생략되거나(例 43:4) 모두 생략되기도 한다.

고조高祖가 처음 관중에 들어갈 때 오성五星이 동정東井에 모였으니, 하늘이 그에게 〈천운을〉 준 것이요, 그가 한중漢中에서 임금이 될 때 초楚나라 자제와 제후와 백성들 가운데 〈그를〉 사모하여 따르는 사람이 수만 명이나 되었고, 항우 수하의 신하(爪牙之臣)들도 한나라로 귀순한 사람이 많았으니, 이는 사람들이 그에게 〈민심을〉 준 것이다."

이제현李齊賢, 작자미상, 한국데이터산업진흥원 소장

3 東洋平和論 동양의 평화에 대하여

안중근安重根(1879~1910)

> 안중근은 삼흥학교三興學校를 세우는 등 인재양성에 힘썼으며, 만주 하얼빈(哈爾濱)에서 침략의 원흉 이토 히로부미(伊藤博文)를 사살하고 순국殉國하였다. 이 글은 안중근이 1909년 10월 26일 만주 하얼빈(哈爾濱)에서 이토 히로부미(伊藤博文)를 처단하여 일제에 의해 사형을 언도 받은 후 1910년 3월 옥중에서 쓴 동양평화 실현을 위한 미완의 논설이다.

3-1

噫라 千千萬萬料外에 勝捷凱旋之後에 最近最親仁弱同種韓國을 勒壓定約하며 滿洲長春以南으로 托借點居하니 故世界一般人腦에 疑雲忽起라 日本之偉大聲名과 正大功勳이 一朝變遷하여 尤甚於蠻行之露國也라

【훈음】 勝 이길 승 捷 이길 첩 凱 개선할 개 旋 돌아올 선 勒 억지로 할 륵 壓 누를 압
腦 뇌 뇌 變 변할 변 遷 옮길 천 蠻 오랑캐 만

【어휘】 勝捷 : 승전勝戰과 같음.
- 凱旋 : 전쟁에서 이기고 돌아오다.
- 露國 : 러시아. = 노서아露西亞·아라사俄羅斯·아국俄國.
- 長春 : 중국 길림성吉林省의 성도省都.

#27~28 **(自)A以B : A로부터 B 방향으로**

'自A 至B'(#27)에서 '自'가 생략된 형태이다. 'A부터 B까지'로 풀이하는데, 'A로 부터 B(방향)로 C까지'로 풀이하는 '自A 以(B) 至於C(#28)'의 축약형이다. 이 패턴은 주로 '시간, 공간, 신분의 범위나 이동 방향'을 뜻한다. 이때 '自'를 '由, 從'으로, '至'를 '達'로, '以'를 '而'로 바꾸어 쓰기도 하였다.

이동의 방향인 以B의 B에는 '上, 下, 左, 右, 東, 西, 前, 後, 往, 來' 등이 사용된다.

슬프다. 매우 뜻밖에도 〈일본이 러일전쟁에〉 승리하여 개선凱旋한 뒤, 가장 가깝고 가장 친하며 어질고 약한 동종同種인 한국을 억압하여 조약을 맺고, 만주의 장춘長春 이남以南을 빌린다는 핑계로 점거하였다. 그러므로 세계 일반인의 뇌리腦裏에 〈일본에 대한〉 의심(疑

CV167308

雲]이 문득 일어났다.

〈이로써〉 일본의 위대한 명성과 공명정대한 공훈功勳은 하루아침에 바뀌어 러시아의 만행蠻行보다 더욱 심해졌다.

3-2

嗚吁라 以龍虎之威勢로 豈作蛇猫之行動乎아 如此難逢之好期會를 更求何得이리요 可惜可痛也라 至於東洋平和와 韓國獨立之句語은 已經過於天下萬國人之耳目하여 信如金石하고 韓清兩國人捺章於肝膽者矣라 如此之文字思想은 雖天神之能力으로도 卒難消滅한데 況一二個人智謀로 豈能抹殺耶아

【훈음】 猫 고양이 묘　過 지날 과

【어휘】 捺章 : 도장을 찍다.

豈A乎 : 어찌 A하겠는가?

雖A 卒B 況C 豈能D耶 : 비록 A도 결국 B한데, 더구나 C로 어찌 D할 수 있겠는가?
(解 ☞ 2:2)

슬프다. 〈일본은〉 용과 범의 위세로 어찌 뱀과 고양이의 행동을 하는가. 〈서양 세력에서 벗어나기 위한〉 이처럼 만나기 어려운 좋은 기회期會를 다시 구하려한들 어찌 얻을 수 있겠는가.

애석하고 애통하다. 심지어 '동양평화·한국독립'을 〈약속한다는 일본의〉 말은 이미 세상(동양) 모든 나라 사람들의 눈과 귀를 경과하여[過] 〈보고 들은 이들이 모두〉 철석 같이 믿게 되어, 한국과 청국 두 나라 사람들의 마음속에 날인되었다. 이와 같은 글과 사상은 비록 신神과 같은 능력을 〈가졌더라도〉 끝내 없애기 어려운데, 더군다나 한 두 사람의 꾀로 어찌 말살抹殺할 수 있겠는가.

3-3

現今西勢東漸之禍患에 東洋人種이 一致團結하여 極力防禦가 可謂第一上策은 雖尺童瞭知者也라 而何故日本은 如此順然之

勢不顧하고 同種隣邦剝割하고 友誼頓絶하여 自作蚌鷸之勢하여 若待漁人耶아 韓淸兩國人之所望는 大絶且斷矣라

【훈음】 瞭 밝을 료 剝 벗길 박 割 벨 할 蚌 조개 방 鷸 도요새 휼

#47 何故A耶 : 무엇 때문에 A하는가?

오늘날 서세동점西勢東漸의 재해와 우환에 동양인이 일치단결하여 힘을 다해 막는 것이 최상책最上策이라 할 만다는 것은 비록 어린아이이라도 분명히 안다. 그런데도 무슨 까닭에 일본은 이러한 순조로운 형세를 돌아보지 않고, 같은 인종인 이웃나라를 착취하고 우의友誼를 갑자기 끊어버려서, 스스로 방휼지세蚌鷸之勢를 만들고 어부(서양의 세력)를 기다리는 듯하는가. 〈그로 인해서〉 한국과 청국 두 나라 사람들은 〈서세西勢에서 벗어날〉 소망이 크게 꺾이고 말았다.

3-4

若政略不改하고 逼迫日甚이면 則不得已寧亡於異族이언정 不忍受辱於同種議論이 湧出於韓淸兩國人之肺腑하여 上下一體하여 自爲白人之前馳는 明若觀火之勢矣라

【어휘】 蚌鷸之勢 : 어부지리漁父之利의 고사.
- 西勢東漸 : 서양西洋 세력勢力을 차차 동쪽으로 옮김. 서양이 동양을 지배한다는 뜻으로, 밀려드는 외세와 열강을 이르는 말.
- 肺腑 : 속마음.

寧A 不忍B : 차라리 A할지언정 차마 B하지 못하다

#61~63 受A於B : B에게 A 당하다

피동의 패턴 중 하나이다. '見이나 受가 쓰인 경우'(例 3:4 6:2), '見이나 受가 생략된 경우'(例 7:1), '於가 생략된 경우'(例 24:1 49:3) 등이 있다.

만일 〈일본이 지금의〉 정책을 바꾸지 않고 핍박逼迫이 날로 심해진다면, 부득이不得已하게 '차라리 다른 인종에게 망할지언정, 차마 같은 인종에게 모욕을 당하지는 않겠다.'는 생각이 한국과 청국 두 나라 사람들의 마음속에 용솟음쳐서, 모두 한 몸이 되어 스스로 백인들의 앞으로 달려 나아가게 될 것은 불 보듯 뻔한〔明若觀火〕 형세일 것이다.

3-5
然則亞東幾億萬黃人種中에 許多有志家와 慷慨男兒가 豈肯袖手傍觀하며 坐待東洋一局之黑死慘狀 可乎아 故東洋平和義戰을 開仗於哈爾賓하고 談判席은 定于旅順口라 後東洋平和問題意見提出하니 諸公은 眼深審察哉인저

【훈음】慷 강개할 강 慨 분개할 개 審 살필 심

【어휘】亞東 : 동아시아.
- 開仗 : 전쟁을 시작하다.
- 哈爾賓 : 하얼빈. 중국 흑룡강성黑龍江省에 있는 도시.
- 旅順口 : 중국 요녕성遼寧省과 요동遼東반도 남단부에 있는 대련시大連市의 행정구역.

그렇다면 동아시아 수 억 수 만의 황인종 가운데, 많은 뜻있는 사람들과 비분강개悲憤慷慨하는 사나이들이 어찌 기꺼이 수수방관袖手傍觀하며 동양의 한 곳이 까맣게 죽어가는 참상을 앉아서 기다리는 것이 가능하겠는가. 그래서 〈나는〉 동양평화를 〈위한〉 의로운 전쟁을 하얼빈〔哈爾賓〕에서 시작하였고, 이를 논의하는 자리는 여순구旅順口로 정하였다. 뒤이어 동양평화문제에 관한 의견을 제시하니 여러분들은 눈으로 깊이 살피기 바란다.

4 倉氓說 창고 도둑

권필權韠(1569~1612)

> 권필은 조선 중기 선조 때의 문인이다. 임진왜란 때는 주전론을 주장하였고, 광해군 척족戚族들의 방종을 풍자한 궁류시宮柳詩로 인해 유배되었다. 저서로 《석주집石洲集》 등이 있다. 이 글은 나라의 곳간에서 쌀을 훔치는 부자父子 도둑의 이야기로, 아무리 도둑이지만 자신분수를 지키지 못하면 큰 화를 당한다고 이야기하고 있다.

4-1

氓有室于太倉之傍者가 不廢著하고 不耕收하며 每夕出而夜歸에 則必持五升米焉이라 問所從得이면 不告하고 雖其妻兒도 莫覺也라 如是者積數十年에 其食粲如也며 其衣華如也로대 而視其室則空如也라

【훈음】 氓 백성 맹 廢 폐할 폐 耕 밭갈 경 積 쌓을 적 粲 깨끗할 찬 華 화려할 화

【어휘】 太倉 : 도읍의 양식 창고.

- 廢著 : 물건을 쌓아두고 값이 오르기를 기다리는 상인, 또는 상사.

A如 : A한 / A하게

- 問所從得 : '부터 얻은 바를 묻다'라고 직역 하는데, 현대어로 '얻은 유래(所從)를 묻다'라고 풀이할 수 있다.

백성 중에 태창太倉 곁에 집을 둔 사람이 있었는데, 장사를 하지 않고 농사도 짓지 않으면서 저녁마다 밖에 나갔다 밤에 돌아올 때엔 반드시 다섯 되(升)의 쌀을 가지고 왔다.

그 쌀을 어디서 얻었느냐고 물으면 말해 주지 않아 비록 그의 처자식들이라고 하더라도 알지 못하였다. 이렇게 한 지 수십 년이 되도록 밥은 정갈하고 옷은 화려했지만 그의 집을 보면 〈살림이〉 텅 비었다.

4-2

氓病且死에 密詔其子曰 倉之第幾柱에 有竅焉하니 其大容指라

CV167328

米之堆積于內者가 咽塞而不能出이라 爾取木之如指者하여 納于竅中하여 迎而流之하되 日五升卽止요 無取羸焉이라

【훈음】且 장차 차 詔 고할 조 竅 빌 관 咽 목구멍 인 迎 마주 영 羸 가득 찰 영

• 倉之第幾柱有竅焉 : '焉'은 '於之/於此'의 축약형이며 '之'는 앞의 '倉之第幾柱'를 가리킨다.

〈그〉 백성이 병들어 장차 죽으려 할 때 은밀히 아들에게 말하기를 "창고 몇 번째 기둥에 구멍이 있는데, 크기가 손가락이 들어갈만 하여 그 속에 쌓인 쌀이 막혀서 밖으로 나오지 못한다. 너는 손가락 굵기만 한 나무막대기를 가지고 가서 구멍 속에 넣어서 〈쌀이〉 마주 흘러나오게 하되 하루에 다섯 되가 되거든 중지하고 욕심껏 취하지 말거라." 하였다.

4-3

氓旣死에 子嗣爲之하여 其衣食如氓時라 旣而오 恨竅小不可多取라 鑿而巨之하여 日取數斗로되 猶不足이러니 又鑿而巨之하니 倉吏覺其奸하고 拘而戮之하니라

【훈음】嗣 이을 사 鑿 뚫을 착 戮 죽일 륙

A猶B 又C : A도 오히려 B한데 게다가 C하니 (解 ☞ 2:2)

그 백성이 죽은 뒤 아들이 이어서 그 일을 하여 옷과 음식이 그 백성이 살아 있을 때와 같았다. 〈그 아들은〉 머지않아(旣而) 구멍이 작아서 쌀을 많이 꺼내지 못하는 것을 아쉬워하여 끌로 파서 구멍을 크게 만들어 하루에 몇 말씩 〈쌀을〉 취하고도 오히려 그것도 부족하여 또 뚫어서 더 크게 만드니, 창고를 지키는 관리(倉吏)가 못된 짓을 알아차리고 그 아들을 잡아서 죽였다.

5 雜說 자잘한 이야기

윤기尹愭(1741~1826)

윤기는 조선 후기의 문신이다. 이익李瀷을 사사하였다. 1792년 식년문과에 병과로 급제하여 호조참의戶曹參議를 지냈으며 저서로 《무명자집無名子集》이 있다. 이 글은 게으른 고양이와 제몫을 하는 고양이가 도리어 반대로 대접받게 되는 상황을 풍자한 우화다.

5-1

人有愛猫者하여 畜(휵)數三猫라 其一猫晝常眠이라가 夜輒*周行以扼鼠로되 人未*之見하여 以爲無能也라

【훈음】 猫 고양이 묘 畜 기를 휵 晝 낮 주 眠 잠잘 면 輒 번번이 첩 扼 잡을 액 鼠 쥐 서

【어휘】 數三 : 그 수량이 두서너 개임을 나타내는 말.

A輒B : A에 매번 B하다

'A하기만 하면 B하다'로 풀이하는 패턴으로 빈도를 뜻하는 부사어를 사용하여 'A하면 항상/매번/꼭 B하다'의 형태로 풀이해도 된다.

이에 해당하는 예시는 A輒B(例 5:1 14:2 28:2 29:2 35:2), A便B(例 10:2), A卽B(例 12:1) 등이 있다.

#29 未AB : A를 B하지 않다 (解 ☞ 1:3)

어떤 사람이 고양이를 사랑하여 서너 마리의 고양이를 길렀다. 그중 첫째 고양이(一猫)는 낮에는 늘 자다가 밤만 되면 매번 〈집 주변을〉 두루 돌면서 쥐를 잡았으나, 주인은 그것을 보지 못하고서 〈첫째 고양이(一猫)를〉 무능하다고 여겼다.

5-2

他猫則夜眠於人側라가 晝或得鼠하여 必銜致人前하여 舞弄之以供翫笑하니 家人皆奇之하여 雖有竊饌噬鷄之習이나 而不*之罪也라

【훈음】 側 곁 측 銜 머금을 함 翫 가지고 놀 완 竊 훔칠 절 饌 반찬 찬 噬 씹을 서

#29 不AB : A를 B하지 않다 (解 ☞ 1:3)

CV167329

다른 고양이〔他猫〕는 밤에는 주인 곁에서 잠을 자다가 낮에는 간혹 쥐를 잡으면 꼭 주인 앞에 물어다 놓고 재롱을 떨어서 즐거움을 제공하니, 집안사람들이 모두 기특하게 여기고서 비록 반찬을 몰래 먹거나 닭을 물어 죽이는 버릇이 있더라도 그 고양이를 나무라지 않았다.

5-3
鼠以一猫夜獵之故로 不死則皆遠避하니 患遂絶이로되 人以爲他猫之功하여 遂笞其一猫而放之라 鼠乃相率而來하니 不可復禁라 使知者擇之면 寧畜其一猫耶아 將畜其餘猫耶아

【훈음】 獵 사냥할 렵 笞 매질할 태 率 따를 솔 復 다시 부 擇 가릴 택 將 어조사 장 ;아니면

以A之故 : A한 까닭에 (解 ☞ 6:2)

寧A耶 將B耶 : 차라리 A하겠는가? 아니면 B하겠는가?

• 其 : 원문의 '其'는 '그중~'의 의미가 있다.

쥐들은 첫째 고양이〔一猫〕가 밤에 사냥했기 때문에 죽지 않으면 모두 멀리 달아나 〈집안사람들의〉 걱정이 마침내 없어졌지만, 집안사람들은 이를 다른 고양이〔他猫〕의 공이라 여기고서 마침내 그중 첫째 고양이〔一猫〕를 매질하여 내쫓아버리자, 쥐들이 곧 잇따라 돌아와 다시는 막아낼 수 없었다.

지혜로운 사람에게 선택하게 한다면 차라리 그 첫째 고양이〔一猫〕를 기르겠는가. 아니면〔將〕 다른 고양이〔他猫〕를 기르겠는가.

6 爭臣論 간쟁하는 신하에 대한 논설

한유韓愈(768~824)

> 한유는 당唐나라의 문학가 겸 사상가이다. 산문의 문체개혁文體改革과 시에 있어 지적인 흥미를 정련精練된 표현으로 나타낼 것을 시도하는 등 문학상의 공적을 세웠다. 이 글에서는 벼슬자리에 있는 사람은 자신이 맡고 있는 직책에 책무를 다할 수 없을 때에는 자리를 떠나야 한다고 주장하였다.

6-1

夫天授人以賢聖才能이 豈使自有餘而已리오 誠欲以補其不足者也라 耳目之於身也에 耳司聞而目司見하여 聽其是非하고 視其險易(이)然後에 身得安焉하나니 聖賢者는 時人之耳目也요 時人者는 聖賢之身也니라 且陽子之不賢인댄 則將役於身하여 以奉其上矣요 若果賢인댄 則固畏天命而閔人窮也니 惡得以自暇逸乎哉아

【훈음】 司 맡을 사　且(≒若) 만일 차　易 평탄할 이　畏 두려울 외

【어휘】 險易 : 험난함과 평탄함.
- 陽子 : 구양수歐陽脩의 별칭.
- 暇逸 : 한가하고 편안함.

#10 A之於B也 : A가 B에 있어서

서술어가 생략된 패턴이다. 보통 '於' 앞에 '在'나 '對'가 있는 형태로 풀이한다.

惡得以A乎哉 : 어찌 A할 수 있겠는가?

무릇 하늘이 성현聖賢의 재능을 사람에게 내려 준 것이 어찌 〈성현〉 자신의 〈재능을〉 넉넉하게 할 뿐이겠는가. 실로 재능이 부족한 사람들을 도와주게 하고자 한 것이다.

귀와 눈이 몸에 있으면서 귀는 듣는 일을 맡고 눈은 보는 일을 맡으니, 옳거나 그른 것을 귀로 듣고 어렵거나 쉬운 것을 눈으로 본 뒤에야 몸이 편안해질 수가 있는 것이다. 〈이렇게 본다면〉 성현은 그 시대 사람들의 귀와 눈이며, 그 시대 사람들은 성현의 몸이다.

CV167310

만일〔且〕 양자陽子(구양수)가 현명하지 못하다면 몸을 부려 윗사람을 받들 것이고, 만약 현명하다면 진실로 천명을 두려워하고 백성의 곤궁함을 민망히 여길 것이니, 어찌 자신만 한가하고 편안할 수 있겠는가.

6-2

或曰 吾聞君子는 不欲加諸人하며 而惡訐以爲直者라하니 若吾子之論은 直則直矣어니와 無乃傷于德而費於辭乎아 好盡言以招人過는 國武子之所以見殺於齊也니 吾子其亦聞乎아

【훈음】 訐 들추어낼 알　諸 어조사 저　惡 미워할 오

【어휘】 不欲加諸人 : 《논어論語》 〈공야장公冶長〉에, "자공子貢이 말하기를 '저는 남이 나에게 더하기를 원하지 않는 일을 저도 남에게 더하지 않으려고 합니다.'〔子貢曰 我不欲人之加諸我也 吾亦欲無加諸人〕"라는 구절이다.

• 國武子 : 춘추시대 제齊나라 대부大夫. 어지러운 나라에서 할 말을 다하여 남의 허물을 들추어내기 좋아하다가 끝내 제나라에서 죽임을 당하였다.

• 吾子 : 그대.

無乃A乎 : 아마도 A아니겠는가?

부정어 無와 추측을 의미하는 부사어 乃가 결합된 패턴이다.

#20 A之所以B也 : A가 B한 까닭이다

'A之B(也)'(#9)와 '所以A'(#19)가 결합된 형태의 패턴이다. 확장되면 'A之所以B者는 C之所以D者也라'의 구조가 되어 'A가 B한 것(까닭)은 C가 D했기 때문이다'로 풀이한다. 주어 부분이나 서술어 부분이 다른 형태로 변형되기도 한다. 다만 주어 부분과 서술어 부분에 '所以'가 모두 그대로 나오는 구절은 보이지 않는다.

#61 見A於B : B에게 A당하다 (解 ☞ 3:4)

어떤 사람이 말하기를, "제가 들으니 《《논어論語》의 내용에》 '군자는 남에게 더하고자 하지 않으며 잘못을 들추어내는 것을 정직하다고 여기는 자를 미워한다.'고 하였으니, 만약 그대〔吾子〕의 이론대로라면 곧기는 곧은 것 같지만 아마도 덕을 손상하고 말을 많이 하는 것이 아니겠는가. 할 말을 다하여 남의 허물을 들추어내기 좋아하는 것이 국무자國武子가 제齊나라에서 죽음을 당했던 까닭이니, 그대도 혹시〔其〕 그 말을 들었는가?"라고 하였다.

7 雜說 자질구레한 이야기

한유韓愈(768~824)

> 이 글은 아무리 천리를 달리는 능력을 갖춘 말이라도 이를 알아보고 기르는 사람이 없으면 평생 보통 말보다 못한 말로 살다고 죽는다고 말하고 있다.

7-1

世有伯樂然後에 有千里馬하니 千里馬는 常有로되 而伯樂은 不常有라 故로 雖有名馬나 秖辱於奴隸人之手하여 騈死於槽櫪之間하여 不以千里稱也하나니라

【훈음】 辱 욕될 욕 隸 종 예 騈 나란할 변 槽 구유 조 櫪 구유 력

【어휘】 伯樂 : 춘추전국시대 진秦나라 인물. 방구인方九堙의 추천으로 목공穆公의 말을 관리하였으며, 천리마千里馬 감정의 달인으로 유명하였다 한다.
- 騈死 : 나란히 죽음. 많이 죽음을 이르는 말.
- 槽櫪 : 마굿간을 이른다.

세상에 백락伯樂의 〈안목이〉 있는 뒤에야 천리마千里馬가 존재하니, 천리마는 언제나 있지만 백락의 〈안목을 가진 사람이〉 늘 있는 것은 아니다. 그러므로 비록 명마名馬가 있을지라도 다만 노예의 손에 모욕을 당하여 마굿간 사이에서 나란히 죽어 천리마로 일컬어지지 않는다.

7-2

馬之千里者는 一食에 或盡粟一石이어늘 食(사)馬者가 不知其能千里而食(사)也하니 是馬雖有千里之能이나 食不飽하여 力不足하여 才美不外見(현)하고 且欲與常馬等이나 不可得이니 安求其能千里也리오

【훈음】 食 먹일 사 見(≒現) 나타날 현

※ A之B者 : A 중에 B한 것 (解 ☞ 2:4)

※ 與AB : A와 B하다

CV167330

말 가운데 천리를 가는 것은 한 번 먹는데 때로는 곡식 한 섬(石)을 다 먹는데, 말을 먹이는 사람이 그것이 천리를 갈 수 있는 능력을 가진 줄도 모르고 먹이니, 그 말이 비록 천리를 달릴 능력이 있지만, 먹은 것이 배부르지 못하여 힘이 부족해서 아름다운 재주가 밖으로 드러나지 않고, 게다가(且) 보통 말과 같아지려고 해도 그럴 수 없으니, 어찌(安) 그 말이 천리를 갈 수 있기를 바라겠는가.

7-3

策之不以其道하며 食之不能盡其材하며 鳴之不能通其意하고 執策而臨之曰 天下에 無良馬라하니 嗚呼라 其眞無馬耶아 其眞不識馬耶아

【훈음】 策 채찍 책 執 잡을 집 識 알 식

其A耶 其A耶 : 그것은 A인가? 아니면 A인가?

• 不以A : A를 쓰지 않다 ☞ '不以'에서 '以'는 '사용하다, 하다' 등의 서술어로 쓰인 경우와 '~로써'의 허사로 쓰이는 경우가 있어 풀이에 주의해야 한다.

말을 채찍질하는 데에 〈천리마를 다루는〉 올바른 방법을 쓰지 않고, 말을 먹이는 데에 제 능력을 다할 수 있게 하지 않으며, 우는 데에도 그 〈울음의〉 의미를 전혀 알지 못하고, 채찍을 잡고 말에게 다가가서 말하기를, "세상에 좋은 말이 없다!" 라고 하니, 안타깝구나! 〈세상에〉 진정 좋은 말이 없는 것이냐? 아니면(其) 좋은 말을 알아보는 사람이 없는 것이냐?

한유韓愈, 만고제회도상

8 賈誼論 가의에 대하여 논하다

소식蘇軾(1037~1101)

> 소식은 중국 북송 때 사람으로, 자는 자첨子瞻, 호는 동파거사東坡居士, 시호는 문충文忠이다. 학술에 깊었으나 당시의 대유大儒 정이程頤와 다투었다. 이 글에서 소식은 가의賈誼가 재능을 가지고도 그 재능을 제대로 펴지 못한 것을 안타까워하고 있다.

8-1

愚觀賈生之論컨대 如其所言이면 雖三代라도 何以遠過리오 得君如漢文이로되 猶且以不用死하니 然則是天下無堯舜이면 終不可以有所爲耶아

【어휘】 賈生 : 중국 전한前漢 때 정치가인 가의賈誼를 이르는 말. 당시 문제文帝는 그를 공경公卿에 임명하려 했으나, 조주발遭周勃과 관영灌嬰 등 대신들의 미움을 사 쫓겨나 장사왕長沙王의 태부太夫가 되었다가 33세의 젊은 나이에 세상을 떠났다.

- 三代 : 하夏·은殷·주周.
- 遠過 : 뛰어넘다. 능가하다.
- 猶且 : 오히려.

내가 가생賈生의 논의를 살펴보니, 그의 말과 같다면 비록 삼대三代라도 어찌 〈이를〉 뛰어넘겠는가? 〈가생은〉 한漢나라 문제文帝와 같이 〈훌륭한〉 군주를 얻고도 오히려 쓰이지 못하고 죽었으니, 그렇다면 천하에 요堯·순舜이 없다면 끝내 훌륭한 일(所爲)이 있을 수 없단 말인가.

8-2

仲尼는 聖人이시되 歷試於天下하여 苟非大無道之國이면 皆欲勉彊扶持하여 庶幾一日得行其道하시니라 將之荊할새 先之以子夏하고 申之以冉有하시니 君子之欲得其君이 如此其勤也라

【훈음】 勉 힘쓸 면 彊 강할 강

【어휘】 仲尼 : 공자孔子의 자.

- 庶幾 : 바라다.

CV167311

#66 苟A : 만약 A라면

將A : A하려고 하다

중니仲尼는 성인이었지만 천하를 여러 차례 시험하여, 만일 크게 무도한 나라가 아니면 모두 힘써 부지하면서 단 하루라도 그 도를 행해지기를 바라셨다〔庶幾〕. 〈그러므로〉 형荊으로 가려 하실 적에 자하子夏를 먼저 보내고 염유冉有를 다시 보내셨으니, 군자가 그 군주의 〈신임을〉 얻고자 함이 이렇게 참으로〔其〕 간곡하였다.

8-3
孟子去齊에 三宿而後出晝어시늘 猶曰 王其庶幾召我라하시니 君子之不忍棄其君이 如此其厚也하며 公孫丑問曰 夫子何爲不豫시니잇고 孟子曰 方今天下舍我면 其誰哉리오 而吾何爲不豫리오하시니 君子之愛其身이 如此其至也라

【훈음】 忍 차마 할 인 棄 버릴 기 豫 기쁠 예 舍(≒捨) 버릴 사

【어휘】 公孫丑 : 중국 제나라 사람. 맹자의 제자.

맹자孟子는 제齊나라를 떠나실 때, 3일을 묵은 뒤에 주晝 땅을 나가시면서도 말씀하시기를 "왕께서 부디〔其〕 나를 불러주시기를 바란다."라고 하였으니, 군자가 자신의 군주를 차마 버리지 못하는 것이 이렇게 두터웠다.

공손추公孫丑가 묻기를, "선생님은 무엇 때문에 기뻐하지 않으십니까?"라고 하자, 맹자는 말씀하시기를, "지금 천하가 나를 버린다면 누가 〈천하를 다스리겠는가?〉 내가 무엇 때문에 기뻐하지 않겠는가?"라고 하였으니, 군자가 자기 몸을 아끼는 것이 이렇게 지극하였다.

9 荀卿論 순경에 대하여 논하다

소식蘇軾(1037~1101)

> 진秦나라 시황제가 천하를 통일한 뒤 분서갱유焚書坑儒와 같은 끔찍한 정치적 탄압을 받았는데, 순자荀子의 사상을 바탕으로 한 다스림에서 나와 그러한 결과를 가져온 것임을 비판하였다.

9-1

昔者에 常怪李斯事荀卿이라가 旣而요 焚滅其書하고 大變古先聖王之法하니 於其師之道에 不啻若寇讐러니 及今觀荀卿之書然後에야 知李斯之所以事秦者가 皆出於荀卿하여 而不足怪也로다

【훈음】 怪 괴이할 괴 荀 풀이름 순;성씨 寇 도둑 구 讐 원수 수

【어휘】 荀卿 : 경卿은 순자荀子(B.C.298?~B.C.238?)의 이름. 중국 전국시대 말기의 사상가로 맹자孟子의 성선설性善說을 비판하여 성악설性惡說을 주장했다.

不啻A : A할 뿐만이 아니다

#20 A之所以B者 : A가 B한 방법 (解 ☞ 6:2)

옛날에 항상 괴이하게 여긴 것은 이사李斯가 순경荀卿(순자荀子)을 섬기다가 이윽고〔旣而〕 그 책을 불태워 없애고서 옛 선왕先王의 법을 크게 변화 시켰으니, 그 스승의 도에 대해서 도둑이나 원수처럼 여길 뿐 아니었다. 지금 순경의 책을 보고나서야 이사가 진秦나라를 섬긴 것이 모두 순경에게서 나와 괴이하게 여길 것이 없다는 것을 알게 되었다.

9-2

荀卿者는 喜爲異說而不讓하고 敢爲高論而不顧者也라 其言은 愚人之所驚이요 小人之所喜也라 子思와 孟軻는 世之所謂賢人君子也어늘 荀卿獨曰 亂天下者는 子思와 孟軻也라하다

【훈음】 顧 돌아볼 고 驚 놀랄 경 軻 사람이름 가 亂 어지럽힐 란

CV167312

【어휘】高論 : 거침없는 말. 실제에 맞지 않는 의론.

순경이란 자는 이설異說을 말하기를 좋아하여 사양하지 않고, 과감히 고론高論을 하고도 돌아보지 않은 자였기에, 그의 말은 어리석은 자들이 놀라는 것이었고 소인이 기뻐하는 것이었다. 자사子思와 맹가孟軻(맹자)는 세상에서 말하는 현인賢人·군자君子였는데, 순경은 홀로 "천하를 어지럽히는 사람은 자사와 맹가이다."라고 하였다.

9-3
天下之人이 如此其衆也하고 仁人義士 如此其多也어늘 荀卿獨曰 人性惡하니 桀紂는 性也요 堯舜僞也라하니 由是觀之컨대 意其爲人이 必也剛愎不遜하고 而自許太過하니 彼李斯者는 又特甚者耳라

【훈음】桀 홰 걸 ; 인명 觀 볼 관 剛 굳셀 강 愎 괴팍할 퍅

【어휘】剛愎 : 성미가 까다롭고 고집이 세다.
• 不遜 : 겸손하지 않다. 오만하여 사람을 업신여기다.

천하 사람들이 이처럼 매우 많고 어질고 의로운 인사人士가 이처럼 매우(其) 많은데도 순경은 홀로 "사람의 성품性稟은 악하니, 걸왕桀王과 주왕紂王은 본성대로 하였고, 요堯 임금과 순舜 임금은 거짓을 행하였다."라고 하였다. 이것으로 관찰해보건데, 내 생각에 그 사람됨이 반드시 고집스럽고 불손不遜하며 또 자기 자신을 너무 지나치게 평가한 자이니, 저 이사李斯라는 자는 또 유난히 심한 자였을 뿐이다.

소식蘇軾, 만고제회도상

10 童心說 어린아이의 마음

이지李贄(1527~1602)

> 이지는 명나라 때의 관리이자 문인이다. 중세 자유학파自由學派의 시조이자 태주학파泰州學派의 1대 종사宗師였다. 국자감박사國子監博士 등을 지냈다. 저서로 《분서焚書》 등이 있다. 이 글은 독서와 견문으로 물들지 않은 어린아이의 맑고 깨끗한 마음을 가장 가치 있는 것이라고 간주하고 있다.

10-1

夫童心者는 眞心也라 若以童心爲不可면 是以眞心爲不可也라 夫童心者는 絶假純眞하여 最初一念之本心也라

【훈음】 童 아이 동　假 거짓 가　純 순수할 순

무릇 동심童心(아이의 마음)이란 참마음이다. 만약 동심을 '바르지 않다'고 한다면 이것은 진심을 '바르지 않다'고 하는 것이다. 동심이란 거짓과는 먼 순수하고 참되어 본래 마음〔本心〕에 〈우러나온〉 가장 처음의 한 생각이다.

#15 以A爲B : A를 B라고 말하다

10-2

若失却童心이면 便失却眞心이라 失却眞心이면 便失却眞人이라 人而非眞全이면 不復有初矣라

【훈음】 却 잃어버릴 각　復 회복할 복

若A 便B : 만약 A하면 곧 B하다

가정을 나타내는 '若A'와 빈도를 나타내는 'A便B'(解 ☞ 12:1)가 결합된 형태이다.

만약 동심童心을 잃어버리면 곧 참 마음〔眞心〕을 잃어버리게 된다. 참 마음을 잃어버리면 곧 참 사람〔眞人〕을 잃어버리게 된다. 사람이면서 진실하고 온전하지 않으면 결코 처음 가졌던 〈마음을〉 회복하지 못한다.

CV167331

10-3
童子者는 人之初也요 童心者는 心之初也라 夫心之初를 曷可失也리오 然童心胡然而遽失也리오 蓋方其始也에 有聞見從耳目而入하여 而以爲主於其內하여 而童心失이라

【훈음】 曷 어찌 갈 遽 갑자기 거

【어휘】 胡然 : 어찌하여. 무엇 때문에.

아이는 사람의 처음이고, 아이의 마음은 마음의 처음이다. 대체로 처음의 마음을 어찌 잃어버릴 수 있을까? 마음의 처음을 무엇 때문에 갑자기 잃어버릴까? 바야흐로 〈자라기〉 시작하면서 듣고 보는 것이 귀와 눈을 통해서 〈마음에〉 들어와서 제 안(마음)에서 주인 노릇을 하게 되면서 아이의 마음을 잃어버리게 된다.

… 중략 …

10-4
夫旣以聞見道理爲心矣면 則所言者가 皆聞見道理之言이요 非童心自出之言也라 言雖工이나 於我何與리오 豈非以假人言假言하고 而事假事文假文乎아

【훈음】 與 상관할 여 豈(≒其) 아마 기

【어휘】 何與 : 무슨 관계인가?

豈非A乎 : 아마도 A 아니겠는가? / 아마도 A이리라

'豈'는 대체로 의문사로 사용되어 '어찌 A하지 않겠는가?'의 반어형이 된다. 그러나 여기서는 추측을 나타내는 부사로 사용되었으므로 유의해야 한다.

대체로 이미 보고 들은 도리로 마음을 삼았다면 말한 것이 모두 보고 들은 도리의 말이요, 아이의 마음에서 저절로 나온 말은 아니다. 비록 그 말이 뛰어나더라도〔工〕 나에게 무슨 관계가 있겠는가? 아마도〔豈〕 거짓된 사람이 거짓말을 하고 거짓된 일을 일삼고 거짓 문장을 짓는 것이 아니겠는가?

11 深耕說 깊은 밭갈이

기도우 슈신義堂周信(?~1388)

> 기도우 슈신은 일본 남북조南北朝 시대 선종의 하나인 임제종臨濟宗의 학승學僧으로, 오산五山 문학의 대표자이다. 범梵·한漢의 학문에 정통하였으며, 시문에 뛰어났다. 저서로 《공화집空華集》이 있다. 이 글은 농부가 깊이 밭을 갈지 않으면 곡식을 망치듯 승려의 수양 역시 깊지 않으면 부끄러운 일임을 강조하고 있다.

11-1

空華叟郊居하며 無事出游하여 泛觀田野桑柘之間하니 有大麥同畝而異熟者어늘

【훈음】 泛(≒汎) 뜰 범　柘 산뽕나무 자　畝 이랑 무;이랑 묘

【어휘】 泛觀 : 마음대로 보다. 폭넓게 보다.

공화수空華叟가 교외에 거처하며 일없이 나가 노닐다가, 들과 뽕나무 사이를 두루 둘러보았더니, 보리(大麥)가 〈자라는〉 같은 이랑에서도 달리 익은 것이 있었다.

11-2

質諸(저)*老農하니 曰 惰農爲也라하여늘 問其所以하니 曰 凡地耕而淺者는 所種之物이 必早熟而不茂하고 耕而深者는 所種之者가 必晚成而肥碩이라 是以善稼者는 患乎耕之淺이요 不患成之晚也라 而彼惰者는 用力佛專하여 所以耕有深淺하여 而熟有早晚也라

【훈음】 諸 어조사 저;~에게　惰 게으를 타　碩 클 석　稼 심을 가

【어휘】 所以 : 까닭. 그래서.

#3 A諸B : B에게 A하다

늙은 농부에게 묻자 말하기를, "게으른 농부가 그런 것이랍니다."라고 하였다.

그 까닭(所以)을 물으니 말하기를, "무릇 땅을 갈되 얕은 경우에는 뿌린 작물이 반드시 일

CV167332

찍 익어서 무성하지 않고, 〈땅을〉 갈되 깊은 경우에는 뿌린 작물이 반드시 늦게 익어 살찌고 크게 됩니다.

그래서(所以) 농사를 잘 짓는 사람은 얕게 갈까 염려하고 늦게 익을까 염려하지 않으며, 저 게으른 자는 힘쓰기를 온전히 하지 않으니, 밭을 가는데 깊고 얕은 〈차이가〉 있어서 익는 것이 빠르고 늦음이 있는 것입니다."라고 하였다.

11-3

嗟乎라 今吾徒也에 耕道不深하며 而患名之晚者는 豈無愧於老農之言也邪아 余竊有感於中하여 遂書以告同學端介然하노니 端介然은 深耕者之徒也라

【훈음】 佛(≒不) 아니 불　患 근심 환　愧 부끄러울 괴　竊 훔칠 절　端 단정할 단　深 깊을 심

【어휘】 吾徒 : 우리 무리. 여기서는 선종 승려의 무리를 가리킴.

- 竊 : 화자의 생각이나 행동이 반드시 옳다고는 단정하지 못할 때 주로 쓰이는 말, '외람되이', '속으로' 등으로 해석이 되지만 의미만 전달한다.

아! 지금 우리 무리에 도를 갈고 닦음이 깊지 않으면서도 명성이 늦을까 염려하는 자들이 어찌 늙은 농부의 말에 부끄럽지 않겠는가. 나는 가만히 마음 속에 느낀 점이 있어서 마침내 이 글을 써서 동학同學 단개연端介然에게 고하니, 단개연은 〈바로〉 깊이 수양하는 우리 무리이다.

12 文論 글이란 무엇인가?

다자이 순다이太宰春臺(1680~1747)

> 다자이 순다이는 일본 에도(江戶) 시대의 유학자로, 오규 소라이荻生徂徠 문하에서 공부하였으며 경학經學에서 뛰어났다. 글이란 문장만을 구성하는 것에 끝나는 것이 아니라, 문리가 이어져야 하며 가지런히 잘 정리가 되어야 함을 강조하고 있다.

12-1

今我黨學者는 纔知弄筆이면 卽言古文辭라 觀其爲文이면 乃抄古文成語而聯綴之而已니 文理不屬하고 意義不通이라

【훈음】 黨 무리 당 纔 겨우 재 弄 희롱할 롱 屬 이을 속

【어휘】 弄筆 : 붓을 잡아 글을 쓰거나 그림을 그리다.

A卽B : A하기만 하면 B하다 (解 ☞ 5:1)

지금 우리 당黨의 학자들 가운데 겨우 붓을 놀릴 줄만 알면 곧바로 고문사古文辭를 말한다. 〈하지만〉 그가 지은 글을 보면 곧(乃) 고문의 성어成語를 베껴 엮어 두었을 뿐이니, 〈앞뒤의〉 문리文理가 이어지지 않고 〈글의〉 뜻이 통하지 않는다.

12-2

譬如衆坐之中에 東西南北으로 賓客雜遝하고 士女群居하여 言此言彼호대 或泣或笑하며 剿說雷同하여 紛紛擾擾하니 不可適聽狀라 噫라 亦可厭哉저

【훈음】 譬 비유할 비 遝 뒤섞일 답 剿 표절할 초

【어휘】 剿說 : 남의 학설을 표절함.
 • 紛紛擾擾 : 어지러운 모양.

#52 譬如A : 비유하자면 A와 같다

譬如A는 '비유하면(譬) A와 같다(如)'로 한 글자씩 나누어서 풀이한다. 譬若A도 동일하다.

CV167313

비유하자면 〈그들의 글은〉 좌중座中에 동서남북으로 손님들이 어지럽고 남녀들이 무리지은 듯하여서, 이말 저말을 하는데 혹은 울리기도 혹은 웃기기도 하며 〈그 내용은〉 표절하고 부화뇌동하며 부산스럽고 어지러워 듣기에 적합한 상태가 아니었다. 아, 또한 짜증스럽다.

다자이 순다이太宰春臺, 국립중앙도서관 소장

오규 소라이荻生徂徠 국립중앙도서관 소장

13 論屈原 굴원에 대하여

나가노 호우잔長野豐山(1783~1837)

나가노 호우잔은 일본 에도시대 후기 유학자로 이름은 확確이고 자는 맹확孟確이다. 이 글에서는 질투란 여자만 가진 감정이라 아니라, 대장부 역시 이러한 감정을 가져 자신보다 나은 사람을 해치고 시기하는데, 굴원이 이로 인하여 귀양을 가게 된 것임을 논술하였다.

13-1

甚矣라 媢嫉之於人也여 豈唯女子有之리오 丈夫亦有之라

【훈음】 媢 질투할 모 嫉 시기할 질

【어휘】 屈原 : 굴평屈平(B.C.343~B.C.277)의 성과 자를 아울러 부르는 말. 중국 춘추전국시대 초楚나라의 대부·시인. 회왕懷王의 좌도左徒를 맡아 활약하였으나 정적政敵의 중상모략을 받아 자신의 뜻을 펴지 못하다가 멱라수汨羅水에 투신하여 죽었다.

#74 A矣B : A하구나, B여!

BA也(B가 A하다)의 도치형이다. A哉B, A乎B 등이 있다.

#10 A之於B也 : A가 B에 있어서

'A之於B也'는 서술어가 생략된 패턴이다. 보통 '於' 앞에 '在'나 '對'가 있는 형태로 풀이한다.

• 甚矣 媢嫉之於人也 : 위 둘의 패턴이 결합된 문장이다. 위 문장 그대로 풀이하면 '심하구나 질투가 사람에게 있어서' 정도가 되는데 아래 풀이와 같이 여기와 '之'의 앞 뒤를 바꿔서 풀이(例 2:4, 42:3)해도 된다.

심하도다. 사람에게 있어서 질투여! 어찌 오직 여자에게만 질투가 있겠는가. 대장부에게도 질투는 있다.

13-2

同世而才高於己면 則妬生焉하고 同道而才高於己면 則妬生焉하며 同列而才高於己면 則妬生焉이라 雖非同列非同道非同世라도 其事之有與我同而才高於己면 則妬生焉이라

CV167314

【훈음】 妬 시샘할 투

#54 A於B : B보다 A하다

같은 시대에 〈살면서〉 재능이 자기보다 뛰어나면 질투심이 생기고, 도를 함께 하면서도 재능이 자기보다 뛰어나면 질투심이 생기며, 지위가 같은데 재능이 자기보다 뛰어나면 질투심이 생긴다. 비록 같은 지위가 아니고 도가 같지 않으며 시대가 같지 않다고 하더라도, 그 사람의 일이 나와 같은데 〈대처하는〉 재능이 자기보다 뛰어나면 질투심이 생긴다.

13-3

女子는 妬色之勝於己하고 而士者는 嫉才之賢於己라 故君子之居衰世也엔 用其才是難矣라

【훈음】 衰 쇠할 쇠 難 어려울 난

여자는 미모가 자기보다 나은 이를 질투하지만 선비는 재능이 자기보다 나은 이를 질투한다. 그러므로 군자가 쇠락한 시대에 살 때에는 자신의 능력을 쓰기가 어렵다.

14 蠅說 파리

마츠키 카마도松岐慊堂(1771~1844)

마츠키 카마도는 승려로 불교를 공부하다가 열다섯 살에 유학儒學으로 학문을 전향하였다. 가케가와 번교掛川藩校의 교수를 지냈고, 조선사절을 맞이하였다. 저서로 《겸당전집慊堂全集》 등이 있다. 이 글에서는 낮에는 파리의, 밤에는 모기의 극성으로 괴로운 심경을 읊었다.

14-1

松子行至藤澤之郵置에 連雨하여 相模河溢하여 遂留四日한데 夜則蚊雷寇幬하고 蚤鋒攢牀이요 天明始眠이면 則蒼蠅拍面聚眦라 以扇揮之면 紛紛沙散하고 滿案集食하여 穢不可忍이라

【훈음】 藤 등나무 등;지명 郵 역참 우 模 법 모 溢 넘칠 일 蚊 모기 문 寇 쳐들어올 구 幬 휘장 주 蚤 벼룩 조 攢 모일 찬 蒼 푸를 창 蠅 파리 승 拍 칠 박 眦 눈초리 제 揮 휘두를 휘 穢 더러울 예

【어휘】 藤澤 : 후지사와 일본 간토, 가나가와 현의 게힌지구를 이른다.
- 郵置 : 인부를 시켜서 관문서를 전달하고, 말로 관리를 호송하거나 관의 물건을 전달하는 일을 관장하던 곳. = 역점驛站.
- 相模河 : 사가미 강. 일본 혼슈 섬의 가나가와 현과 야마나시 현을 흐르는 강.

송자松子가 길을 가다 후지사와(藤澤)의 역참에 이르렀는데, 계속된 비로 사가미 강(相模河)의 물이 불어 마침내 나흘을 머물게 되었다.

밤이면 모기가 우레처럼 휘장 안으로 쳐들어오며, 벼룩이 칼끝처럼 침상을 뚫고 들어오고, 하늘이 밝아질 때 겨우(始) 잠들면 파리들이 얼굴을 치고 눈가에 모여들었다. 부채를 파리에 휘두르면 어지럽게 모래알처럼 흩어졌다가도, 상 가득 모여들어 먹어대니 더러워 참을 수가 없었다.

14-2

乃戒童僕하여 纖箬皮揷竹柄하고 擧而擊之하니 日殲數百頭라 自

CV167333

此稍稍知畏하고 聞擊聲輒*颺擧하고 擊聲止에 又來하여 黠避瞥至하여 不可方物라 其集餌交媾者라야 乃得一擊騈殺耳라

【훈음】僕 종 복 纖 엮을 섬 箬 대나무 껍질 약 揷 꽂을 삽 殲 다 죽일 섬 稍 벼줄기 끝 초 輒 번번히 첩 颺 날릴 양 黠 영리할 힐 瞥 언뜻 볼 별 餌 먹이 이 媾 교미할 구

【어휘】稍稍 : 점점.

A輒B : A하기만 하면 B하다 (解 ☞ 12:1)

이에 어린 종에게 시켜 대나무 껍질을 엮고 대나무 가지를 꽂아 〈채를 만들게〉 하여 들고 다니면서 내려쳤더니 하루에 죽인 것만 수 백 마리였다.

이때부터는 점점 두려운 줄 알고는 내리치는 소리가 들리면 번번이 날아갔다가 내리치는 소리가 그치면 다시 돌아오곤 하였다. 약삭빠르게 피했다가 잠깐 사이에 이르니 〈다른〉 것은 비교〔方〕할 수가 없었다.

다만〔其〕 먹이에 모이거나 교미하는 것이라야 한 번에 내리쳐서 동시에 죽일 수 있을 뿐이었다.

II. 서발류(序跋類)

자신의 저술 또는 타인의 저술에 대한 경위 · 구성 · 평 · 성격 등을 서술하여 책의 앞 또는 뒤에 붙이는 글이다.

한대漢代 이전에는 저술의 목록을 뒤에다 붙였고 다시 그 목록 뒤에다 서序를 놓았다. 그러므로 후서後序 또는 후서後敍라 불렀다. 육조 이후에는 서序를 저서의 앞에다 붙이고 발跋은 후미에다 붙였다.

종류로는 서序· 서敍· 후서後敍· 서록敍錄· 발跋· 서발書跋· 제題· 제사題辭· 제후題後· 서후書後· 인引· 소서小序 등이 있다.

15 百花譜序 《백화보》의 서문

박제가朴齊家(1750~1805)

> 박제가는 시문 사대가詩文四大家의 한 사람으로, 박지원朴趾源·이덕무李德懋·유득공柳得恭 등과 함께 북학파北學派를 이루었다. 이 글에서는 꽃에 미쳐 종일 꽃만 바라보며 좋아하는 김 군을 통해 벽癖에 대해 논하고 있다.

15-1

人無癖焉이면 棄人也已라 夫癖之爲字는 從疾從辟하여 病之偏也라 雖然이나 具獨往之神하고 習專門之藝者는 往往惟癖者能之라

【훈음】 癖 버릇 벽　辟 임금 벽　藝 재주 예

• 從疾從辟 : '癖'의 올바른 파자는 '疒'과 '辟'이므로 원문이 '從疒從辟'이어야 한다.

사람이 편벽이란 병(癖)이 없으면 남에게 버림받는다.

저 '癖'이란 글자는 '疒'과 '辟'으로 구성되어 '편벽된 질병'이라는 뜻이다. 비록 그렇지만 〈남의 간섭을 받지 않고〉 홀로 나아가는 정신을 갖추고 전문적인 기예를 익히는 것은 때때로 오직 벽을 가진 사람이라야 가능하다.

15-2

方金君之徑造花園也하여 目注於花하며 終日不瞬이라 兀兀乎*寢卧其下하여 客主不交一語라 觀之者는 必以爲非狂則癡하며 嗤點笑罵之不休矣라 然而笑之者는 笑聲未絶而生意已盡이라

【훈음】 徑 곧바로 경　瞬 눈 깜빡할 순　癡 어리석을 치　嗤 웃을 치　罵 욕할 매　休 그칠 휴

【어휘】 兀兀乎 : 마음을 한 곳에 전념하는 모양.
• 嗤點 : 비웃고 손가락질 하다.

A乎 : A하게

CV167315

바야흐로 김군은 곧바로(徑) 화원으로 나아가서(造) 눈으로 꽃을 주시하며 종일 눈도 꿈쩍하지 않았다. 마음을 전념하여 꽃 아래에서 누워서 〈손님이 와도〉 손님과 주인은 한마디 말을 건네지 않았다. 그 광경을 본 사람들은 반드시 미친 사람이 아니면 바보일 것이라고 여기며 손가락질하고 비웃는 소리가 끊이지 않았다. 그러나 그를 비웃는 자들은 웃음소리가 끊어지기도 전에 생겨났던 마음이 이미 사라지게 되었다.

15-3

金君則心師萬物하여 技足千古라 所畫百花譜는 足以冊勳甁史요 配食香國이니 癖之功信不誣矣라 嗚呼라 彼伈伈泄泄(예)하며 誤天下大事어늘 自以爲无病之偏者는 觀此帖可以警矣라

【훈음】 譜 계보 보 勳 공훈 훈 甁 병 병 伈 두려워할 심 泄(≒抴) 끌 예 无(=無) 없을 무 警 경계할 경

【어휘】 冊勳 : 공훈의 등급을 정하여 작위爵位를 봉하다.
- 甁史 : 명明나라 원굉도袁宏道가 병에 꽂은 꽃에 대하여 논한 책.
- 配食 : 나란히 제사지내다. 배향配享하다.
- 伈伈 : 두려워하는 모양.
- 泄泄 : 게으르고 안일한 모양.

김군은 만물을 마음의 스승으로 삼고 있어서 기예는 천고와 〈비교하기에〉 충분하다. 〈김군이〉 그린 《백화보百花譜》는 《병사甁史》에 책훈冊勳하고 꽃의 나라에 제사를 올릴만하니 벽癖의 공로는 참으로 거짓이 아니다.

아아! 저들처럼 벌벌 떨고 게으름이나 피우면서 천하의 큰일을 그르치고도 스스로 벽의 병이 없다고 하는 자들이 이 첩帖을 보게 된다면 깜짝 놀랄 것이다.

16 滕王閣序 등왕각 연회를 축하하는 서문

왕발王勃(649~676)

> 왕발의 자는 자안子安이다. 문장에 뛰어나 노조린盧照隣, 낙빈왕駱賓王 등과 함께 명성을 떨쳐 초당사걸初唐四傑로 일컬어졌다. 왕발이 교지交趾로 아버지를 만나러 가는 길에, 당시 홍주목洪州牧으로 있던 염백서閻伯嶼가 등왕각滕王閣을 중수하고 베푸는 연회에 참여하게 되었는데, 이 때 염백서가 손님들에게 누대의 서문을 쓸 것을 청하자 이 글을 지었다.

16-1

時維九月이요 序屬三秋라

潦水盡而寒潭清한데 煙光凝而暮山紫라

【훈음】 潦 장마 료　潭 못 담　煙 연기 연　凝 응길 응　紫 자줏빛 자

【어휘】 滕王閣 : 당나라 고조高祖의 아들 등왕滕王 이원영李元嬰이 강서성江西省 양자강 가에 세운 누각.
- 潦水 : 장맛물.

때는 9월이고 계절은 늦가을에 속하니,
장맛물은 다 마르고 차가운 못물은 맑은데,
안개는 햇빛과 어우러지고 저물녘 산이 〈노을로〉 붉구나.

16-2

儼驂騑於上路하여 訪風景於崇阿하니

臨帝子之長洲하여 得仙人之舊館이라

層巒聳翠하니 上出重霄하고

飛閣流丹하니 下臨無地로다

【훈음】 儼 가지런할 엄　驂 참마 참　騑 곁마 비　崇 높을 숭　阿 언덕 아　層 층 층　巒 산 만　聳 솟을 용　翠 물총새 취

【어휘】 崇阿 : 높은 언덕.
- 驂騑 : 사두마차에서 바깥쪽에 메운 두 필의 말. 참마. 또는 수레를 끄는 말을 두루 이른다.

CV167316

- 帝子 : 당唐 고조의 아들인 이원영李元嬰을 지칭하는 말.
- 聳翠 : 산봉우리나 수목이 높고 푸른 모양. 여기서는 기와의 모습.
- 重霄 : 높은 하늘.

〈연회에 참가하는 이는〉 마차를 길에 나란히 세우고, 높은 언덕에 〈아름다운〉 풍경을 찾다왔네.

황제의 아들(帝子)이 〈노닐던〉 긴 모래섬에 다다르니, 신선이 〈노닐던〉 옛 관사의 〈경치를〉 얻었네(得).

〈등왕각의〉 겹겹 지붕들은 푸르게 솟구쳐 하늘(重霄)로 솟아있고,

나는 듯한 누각의 단청은 〈강물에〉 흐르니 아래로 땅이 없는 〈강물에 비쳐〉 다다랐네.

16-3

鶴汀鳧渚는 窮島嶼之縈廻하고

桂殿蘭宮은 列岡巒之體勢라

披繡闥하고 俯彫甍하니

山原曠其盈視하고 川澤盱其駭矚이라

【훈음】 汀 물가 정 鳧 오리 부 渚 물가 저 殿 집 전 綉 수놓을 수 闥 문 달 彫 새길 조
甍 용마루 맹 澤 못 택 盱 쳐다볼 우 駭 놀랄 해 矚 볼 촉

【어휘】 縈廻 : 빙빙 휘감아 돌아가다.
- 駭矚 : 놀라 바라보다.

〈주위로〉 학과 오리가 노니는 물가엔 섬을 둘러 끝없이 이어지고,

계수나무 목란으로 〈꾸민〉 전각이 산마루와 산등성이의 형세대로 줄지어 있네.

채색한 작은 문을 열고 조각된 용마루들이 굽어보니,

산과 들은 아득히 시야에 가득하고 시내와 못은 보는 사람의 눈을 놀라게 하네.

16-4

閭閻撲地하니 鍾鳴鼎食之家요

舸艦迷津하니 青雀黃龍之舳이로다

虹銷雨霽하니 彩徹雲衢라

落霞는 與*孤鶩齊*飛하고 秋水는 共*長天一*色이라

【훈음】 閭 여문 여 閻 여문 염 撲 칠 박 舸 큰 배 가 艦 싸움배 함 迷 미혹될 미
舳 배 고물 축 虹 무지개 홍 銷 녹일 소 衢 거리 구 霞 노을 하 鶩 집오리 목

【어휘】 閭閻撲地 : 촌락이 땅에 붙어 있는 모양.
· 鼎食 : 솥을 벌여 놓고 음식을 먹음. 권문세가의 호사스러운 생활을 이른다.

與A齊B : A와 함께 B하다

共A一B : A와 함께 B하다

위의 두 패턴 모두 '與AB'(A와 B하다)(例 7:2)가 확장된 패턴인데, 《맹자》에 있는 '與民同樂'과 같이 '與A同B'(例 18:1)의 형태가 가장 대표적인 구조이다.

'落霞與孤鶩齊飛'는 본래의 'A와 더불어 B를 나란히하다'의 구조이나 아래와 같이 'A와 나란히 B하다'로 풀이하는 것이 자연스러운 경우가 많다. 바로 뒤에 이어 나오는 '秋水共長天一色'도 같은 구조적 특징을 가진다.

촌락들이 땅에 다닥다닥 펼쳐져[撲] 있는데, 〈식사를 알리는〉 종소리가 부유한 집에서 울려오네.

큰 배들이 〈정박할 곳을 찾아〉 나루를 헤매는데, 청작青雀과 황룡黃龍을 그린 배의 뒷모습만 보이네.

무지개가 사라지고 비가 개니 햇살이 구름사이로 드러나는데,

저녁노을은 외로운 따오기와 나란히 날고, 가을 물은 높은 하늘과 같은 색이라네.

…중략…

16-5

漁舟唱晩하니 響窮彭蠡之濱하고

雁陣驚寒하니 聲斷衡陽之浦로다

【훈음】 彭 성 팽 蠡 좀 먹을 려 濱 물가 빈 衡 저울대 형

【어휘】 彭蠡 : 중국 강서성江西省의 파양호鄱陽湖. 팽려택彭蠡澤이라고도 한다.
· 衡陽 : 중국 호남성 형양현衡陽縣을 이른다.

고깃배에는 저녁노래를 부리니 메아리가 팽려彭蠡의 물가에까지 들려오고,

추위에 놀란 기러기 떼 울음소리는 형양衡陽의 포구에서 사라지네.

17 春夜宴桃李園序 봄밤 복사꽃, 오얏꽃 피는 동산에서 잔치하며

이백李白(701~762)

이백은 중국 당나라 시인으로, 중국 최고의 시인으로 추앙되며 시선詩仙으로 불린다. 이 글에서는 봄날 밤 연회를 열고 친척, 친구들과 어울리면서 시를 쓴 배경을 서술하였다.

17-1

夫天地者는 萬物之逆旅요 光陰者는 百代之過客이라 而浮生若夢하니 爲歡幾何오 古人秉燭夜遊는 良有以也로다 況陽春召我以煙景하고 大塊假我以文章이라

【훈음】 逆 맞이할 역 秉 잡을 병 良 진실로 량 以(≒故) 까닭 이 塊 흙덩이 괴 假 빌 가

【어휘】 逆旅 : 여관.
- 煙景 : 운무가 그윽한 아름다운 경치.

천지는 만물이 〈머무는〉 여관逆旅이요, 세월〔光陰〕은 영원한 나그네다. 부평초 같은 인생〔浮生〕이 꿈과 같으니 기쁨을 즐기는 것이 얼마나 되겠는가? 옛사람이 촛불을 잡고 밤에 논 것은 진실로〔良〕 이유가 있었도다. 더구나〔況〕 화창한 봄이 아름다운 경치로 나를 부르고 대지가 아름다운 문장을 나에게 빌려주었다.

17-2

會桃李之芳園하여 序天倫之樂事하니 群季俊秀하여 皆爲惠連이어늘 吾人詠歌獨慚康樂가 幽賞未已에 高談轉淸이라

【훈음】 俊 준걸 준 慚(=慙) 부끄러울 참 幽 그윽할 유 轉 구를 전

【어휘】 惠連 : 중국 남북조 시대의 시인인 사혜련謝惠連. 글을 짓는 재주가 뛰어나 족형族兄인 사령운謝靈運과 함께 '대·소사大小謝'로 불리었다.
- 康樂 : 강락후에 봉해진 사령운謝靈運의 별칭. 중국 남북조시대의 산수시인山水詩人. 산수자연의 아름다움을 시의 주제로 했다. 불경을 깊이 연구하여 《대반열반경大般涅槃經》을 번역하기도 하였다.

복사꽃과 오얏꽃이 핀 아름다운 동산에 모여 형제들의 즐거운 일을 펼치니, 〈나의〉 여러

CV167317

아우들은 준수하여 모두 사혜련謝惠連처럼 뛰어났는데, 나의 노래는 사령운謝靈運에게 부끄럽다. 그윽한 감상은 그치지 않고 고상한 담론은 더욱 맑아진다.

17-3
開瓊筵以坐花하고 飛羽觴而醉月하니 不有佳作이면 何伸雅懷리오 如詩不成이면 罰依金谷酒數하리라

【훈음】 瓊 옥 경 筵 자리 연 觴 잔 상 雅 우아할 아 懷 품을 회 罰 죄 벌

【어휘】 瓊筵 : 화려한 연회자리.
- 金谷 : 진晉나라 부호富豪인 석숭石崇의 원명園名.

화려한 연회를 열고 꽃 사이에 앉아서, 깃 모양 〈손잡이가 달린〉 술잔을 돌리며 달 아래 취하니, 아름다운 문장이 없다면 어찌 고상한 회포를 펴겠는가. 만일〔如〕 시를 짓지 못한다면 벌주로 금곡金谷의 술잔 수만큼 따르리라.

금곡주수金谷酒數

서진西晉때 문인이자 큰 부자였던 석숭石崇이 금곡원金谷園에 별장을 짓고 손님들을 초대하여 잔치를 베풀었다. 석숭은 당시 초대받은 문객들에게 시를 한 수씩 짓도록 하고는, 시를 짓지 못한 사람들에게 벌주로 술을 석 잔씩 먹였다는 고사가 전한다.

이백李白, 만소당죽장화전

III. 주의류(奏議類)

신하가 왕에게 정무를 아뢰는 글이다.

옛날 요堯·순舜의 신하들이 정치상황을 왕에게 구두로 주상奏上하였다가 차츰 글로 올렸는데 '상서上書'라 하였다. 진·한秦漢의 관리들이 '상서上書' 대신 '주奏'라고 하였다. 한대漢代에 와서 네 종류로 세분되었다.

첫째 '장章'이라 하여 군은君恩에 감사를 표할 때 쓰였고, 둘째 '주奏'라 하여 죄과를 고할 때 쓰였다. 셋째 '표表'라 하여 요청을 서술할 경우 쓰였고, 넷째 '의議'라 하여 이의를 신청할 때 쓰였던 것이다.

종류로는 주奏·소疏·상소上疏·장章·표表·상표上表·상서上書·의議·차箚·차자箚子·방자牓子·책策·대책對策·노포露布·탄사彈事·탄주彈奏·주기奏記 등이 있다.

18 辭戶曹參議疏 호조참의를 사양하며 올리는 글

김창협金昌協(1651~1708)

김창협은 영의정 김수항金壽恒의 아들이자 김창집金昌集의 동생이다. 이황李滉과 이이李珥의 이기론理氣論을 절충한 학설을 주장하였다. 저서로 《농암집農巖集》이 있다. 이 글은 김창협이 호조참의戶曹參議에 제수되었지만 재주와 상황으로 보아 벼슬을 사양하며 올린 것이다.

18-1

臣竊意 鼎革之初엔 百度惟新이요 人倫風化之際에 尤所當加意라하노이다 如臣不孝者는 必將先正其罪하여 以厲一世러니 而乃反與無故廢置者로 同被甄敍하여 遂至有地部新命하니 此豈區區意念之所及哉잇가

[훈음] 鼎 솥 정 革 바꿀 혁 厲 권면할 려 廢 폐할 폐 甄 사면하여 표창할 견
敍 관직의 차례에 올릴 서

[어휘] 鼎革 : 정신혁고鼎新革故의 준말. 옛 것을 고쳐 아주 새로움을 이루다. 왕조의 변천이나 역성혁명易姓革命을 이르는 말.
- 乃反 : 도리어.
- 甄敍 : 벼슬에서 면직免職된 사람을 다시 등용하다.
- 地部 : 호조戶曹의 별칭.
- 區區 : 자신을 낮추어 이르는 말.

將A以B : A하는 것으로써 B하다

與A同B : A와 함께 B하다 (解 ☞ 16:4)

#61 被(A)B : (A에게) B되다

'被, 見'이 사용되어 피동을 의미하는 패턴이다. 이 경우 대상인 A는 종종 생략된다.

신이 삼가 생각하건대, '개혁의 초기에는 온갖 법도를 오직 새롭게 〈정비해야〉 하고, 인륜을 〈밝히고〉 풍속을 변화시킨 즈음에는 더욱 마땅히 뜻을 더해야 한다.'고 합니다.

CV167319

신처럼 불효한 자는 반드시 먼저 그 죄를 바로잡는 것으로 온 세상에 권면해야 합니다. 그런데 도리어 까닭 없이 버려졌던 이들과 함께 서용敍用되어 마침내 호조戶曹에 새로 임명되는 일까지 있게 되었으니, 이 어찌 미천한 신(區區)의 생각이 미치는 일이겠습니까.

18-2

抑臣尤有所隱痛於中者하니 先臣立朝四十年에 事君行己之方과 憂國奉公之節이 具有本末하여 不待陳述이라 而惟其小心謹愼하여 不以權位自居하고 謙恭畏約하여 終始如一하니 其於鬼神之忌와 人道之禍가 宜無自以致之로다

【훈음】 抑 어조사 억 ; 게다가, 또한　隱 숨을 은　謹 삼갈 근　愼 삼갈 신

【어휘】 先臣 : 임금에게 자기의 선친先親을 이르던 말.

또한(抑) 신에게는 마음속에 더욱 통탄스러운 점이 있습니다.

선신先臣(김수항金壽恒)이 조정에 섰던 40년 동안 임금을 섬기고 스스로 처신한 법도와 나라를 근심하고 공익을 위해 힘쓴 절개는 그 전말이 갖추어져 있으니 진술을 기다릴 필요가 없습니다. 다만 선신은 조심하고 삼가서 권세와 지위로 자처하지 않고 겸손과 검약으로 시종일관始終一貫했기 때문에, 그는 귀신鬼神의 시기와 인도人道의 재앙에 대하여 당연히 자초한 일이 없었습니다.

18-3

特以臣之兄弟無一行으로 能夤緣幸會하여 相繼登朝하여 歷敭淸顯하여 驟躋下大夫之列하니 榮寵赫然하여 爲世所指目이라

【훈음】 夤 이을 인　緣 인연 연　敭 오를 양　驟 급할 취　躋 오를 제　寵 사랑할 총

【어휘】 相繼 : 연달아. 계속해서.
- 淸顯 : 규장각奎章閣·홍문관弘文館·예문관藝文館 등의 벼슬을 이르는 말.
- 下大夫 : 조선시대 정3품 통훈대부通訓大夫부터 종4품 조봉대부朝奉大夫까지를 이르던 말.

#62 爲A所B : A에게 B하는 바 되다

'爲~所'가 사용되어 피동을 의미하는 패턴의 하나이다. 이 경우 '爲'와 '所'가 각각 생략되어 '爲AB'나 'A所B'의 형태로 쓰이기도 한다.

그러나 신의 형제는 〈벼슬에 오를 만한〉 하나의 행실도 없으면서 〈선신의〉 인연으로 요행히 〈기회를〉 만나, 연달아 조정에 올라 청현직淸顯職을 지내고 급작스레 하대부下大夫의 반열에 올라 영광과 총애가 눈부시게 빛나 세상 사람들의 지목을 받았습니다.

18-4

而臣等罔念負乘之戒와 止足之訓하고 冥行冒進하여 乘至盛而不返하여 終使滿盈之菑가 獨及於先臣하고 而臣則倖免하니 其爲不孝 又莫大於此矣라 臣每念及此에 未嘗不慚痛冤酷하여 汗淚俱下노이다

【훈음】 負 질 부 乘 탈 승 盈 가득찰 영 菑 재앙 재 倖 요행 행 冤 원통할 酷 혹독할 혹 淚 눈물 누

【어휘】 負乘 : '負乘致寇'의 준말. 재능이 부족한데도 높은 자리에 있으면 화를 당하게 됨을 의미하는 성어. 비천한 사람이 남의 재물을 등에 지고 큰 수레에 타고 있으면 강도를 불러들이게 됨.

#55 莫A於B : B보다 더 A한 것은 없다

여럿 중에 가장 낫다(좋다)는 것을 뜻하는 패턴이다. 於B가 '焉'로 축약되면 '莫A焉'이 되어 '이보다 A한 것은 없다'의 구조가 된다.

#37 未(嘗)不A : A하지 않은 적이 없다 / 항상 A하다

부정사가 중복된 '이중 부정'으로 '강한 긍정'을 뜻하는 패턴이다. '無不A, 無非A, 莫不A, 莫非A, 非不A' 등이 사용된다.

그런데도 신들은 비천한 자가 높은 자리에 오르면 화를 부른다는 경계(負乘之戒)와 분수에 만족하라는 교훈(止足之訓)을 생각지도 않고, 미련하게 나아가서 가장 높은 자리에 오르도록 물러날 줄을 몰랐습니다. 〈그리고는〉 마침내 가득 차면 기우는 재앙이 선신에게만 미치게 하고 신들은 요행히 면하였으니, 불효가 이보다 더 클 수는 없습니다.

신은 늘 생각이 이에 미칠 때마다 부끄럽고 원통하여 식은땀과 눈물이 함께 흐르지 않은 적이 없습니다.

19 上秦皇逐客書 진시황에게 객경을 내쫓지 말 것을 간청하는 글

이사李斯(?~B.C.208)

> 이사는 진秦나라 법가류法家流의 정치가로, 분서갱유焚書坑儒 등의 단행에 앞장섰다. 이 글은 부강한 나라를 만들었던 임금들이 어느 나라 출신인지 상관하지 않고 신하를 등용한 선례를 거론하며 출신과 무관하게 능력에 따라 인재를 선발할 것을 간청한 것이다.

19-1

臣聞 吏議逐客이라하니 竊以爲過矣라하노이다

【훈음】 議 의논할 의 逐 쫓을 축

신이 들으니, 관리들이 빈객을 내쫓을 것을 의논했다 하던데, 사사로이 생각하건대 그 일은 잘못이라고 여겨집니다.

19-2

昔者에 繆公은 求士하여 西取由余於戎하고 東得百里奚於宛하고 迎蹇叔於宋하고 來邳豹 公孫支於晉하니 此五子者는 不産於秦이로되 而繆公用之하여 幷國二十하여 遂霸西戎하니이다

【훈음】 繆 사당 차례 목;시호 宛 굽을 완;지명 蹇 다리절 건;인명 邳 클 비;인명 豹 표범 표;인명 霸 으뜸 패

【어휘】 繆公 : 춘추시대 진나라 제9대 군주. 이름은 임호任好(?~B.C.621), 춘추오패春秋五覇의 한 사람이다. 목繆은 목穆으로도 쓴다.
- 由余 : 춘추시대 조 목공趙穆公을 도와 오패를 이룬 신하.
- 百里奚 : 춘추시대 진 목공秦穆公 때의 대부.
- 蹇叔 : 춘추시대 진秦나라의 재상. 원래 송宋나라 출신인데, 백리해가 진 목공秦穆公에게 추천하여 재상이 되었다.
- 邳豹 : 춘추시대 진晉나라 사람. 아버지가 진晉나라에서 죽음을 당하지 진秦나라로 달아나 진晉을 칠 것을 청하였던 인물이다.
- 公孫支 : 춘추시대 진晉나라 사람, 자는 자상子桑이다. 진秦나라 목공 때 백리해를 천거하여 패업을 이루었다.

CV167324

옛날에 목공繆公은 선비를 구하기 위해 서쪽으로 융戎에서 유어由余를 취하였고, 동쪽에서 완宛에서 백리해百里奚를 얻었으며, 송宋에서 건숙蹇叔을 맞이하고, 진晉에서 비표邳豹와 공손지公孫支를 오게 하였으니, 이 다섯 사람은 진나라에서 태어나지 않았지만 목공이 이들을 등용하여 20개의 나라를 합병하여 마침내 서융西戎에서 패자가 되었습니다.

19-3

孝公은 用商鞅之法하여 移風易俗하여 民以殷盛하고 國以富强하며 百姓樂用하고 諸侯親服하며 獲楚魏之師하고 擧地千里하여 至今治强하니이다

【훈음】 鞅 가슴걸이 앙; 인명 獲 얻을 획 擧 들 거

【어휘】 孝公 : 춘추전국시대 진 평왕秦平王(B.C.381~B.C.338). 성은 영嬴이고, 씨氏는 조趙, 이름은 거량渠梁이다.
- 商鞅 : 춘추전국시대 위衛나라의 공자公子(B.C.390~B.C.338). 법가法家의 대표적인 인물. 진 효공秦孝公을 도와 법령을 제정, 가혹한 법 집행으로 인해 미움을 받아 처형되었다.

- 民以殷盛 國以富强 : '以'는 '~때문에'의 의미로 사용되고 '~로써'가 아님에 유의하자.

효공孝公은 상앙商鞅의 법을 써서 풍속을 변혁시켜 백성들이 그 때문에 번성하였고 나라가 그 때문에 부강해졌으며, 백성들은 〈그에게〉 쓰이기를 좋아하고 제후들은 가깝게 복종하였습니다. 〈그리하여〉 초나라와 위나라의 군사를 사로잡고 땅을 천 리나 점령하여 지금까지도 〈나라가〉 잘 다스려지고 강성합니다.

19-4

惠王은 用張儀之計하여 拔三川之地하고 西幷巴蜀하고 北收上郡하고 南取漢中하며 包九夷하고 制鄢郢하며 東據成皐之險하고 割膏腴之壤하여 遂散六國之從하여 使之西面事秦하여 功施到今하니이다

【훈음】 巴 땅이름 파 蜀 땅이름 촉 包 가질 포 鄢 고을 이름 언 郢 초나라 서울 영
據 의거할 거 皐 언덕 고 割 벨 할 膏 살찔 고 腴 살찔 유 壤 땅 양 散 흩을 산

【어휘】 惠王 : 성은 영嬴, 이름은 사駟(B.C.356~B.C.311)이다. 시호는 혜문왕惠文王으로 혜왕惠王이라고도 한다. 진秦나라 제25대 효공孝公의 아들, 제27대 무왕武王과 제28대 소양왕昭襄王의 아버지이다.

• 張儀 : 춘추전국시대 위魏나라의 재상(?~B.C.310). 귀곡자鬼谷子 왕허王詡의 문인. 연횡책連衡策을 주장하였다.

혜왕惠王은 장의張儀의 계책을 사용하여 삼천三川의 땅을 점령하고, 서쪽으로는 파촉巴蜀을 합병하였으며, 북쪽으로는 상군上郡을 거두어들이고, 남쪽으로는 한중漢中을 차지하게 되었고 구이九夷를 감싸안았으며 〈초나라의〉 언鄢과 영郢을 제압하였으며, 동쪽으로는 성고成皐의 험한 곳을 점거하고 기름진 땅을 빼앗고, 마침내 6개 나라의 합종合從을 깨뜨려서 그들이 서쪽의 진秦나라를 섬기도록 하여 그 공적이 지금까지 미치고 있습니다.

20 出師表 군사를 이끌어 출정하며 아뢰옵니다

제갈량諸葛亮(181~234)

제갈량은 중국 삼국시대 촉한蜀漢의 정치가 겸 전략가이다. 유비劉備를 도와 오吳나라의 손권孫權과 연합하여 남하하는 조조曹操의 대군을 적벽赤壁의 싸움에서 대파하였다. 이 글은 제갈량이 출정하면서 황제 유선劉禪에게 올린 것으로, 신하의 충성과 나라에 대한 걱정이 나타나 있는 명문으로 알려져 있다.

20-1

臣本布衣로 躬耕南陽하여 苟全性命於亂世하고 不求聞達於諸侯러니

【훈음】 躬 몸 궁　苟 구차할 구

【어휘】 布衣 : 벼슬하지 않은 사람.

신은 본래 벼슬하지 않은 사람〔布衣〕으로, 몸소 남양南陽에서 농사를 지으며 구차스럽게 어지러운 세상에서 목숨이나 보존하고자 하였고, 제후들에게 이름이 알려져 영달榮達하는 것을 구하지 않았습니다.

20-2

先帝不以*臣卑鄙하시고 猥自枉屈하사 三顧臣於草廬之中하시고 咨臣以當世之事하시니 由是感激하여 遂許先帝以驅馳러니 後值傾覆하여 受任於敗軍之際하고 奉命於危難之間爾來로 二十有*一年矣니이다

【훈음】 猥 외람될 외　屈 굽힐 굴　顧(≒問) 방문할 고　激 물결 부딪혀 흐를 격　許 믿을 허
驅 말 몰 구　馳 말 달릴 치　傾 기울 경　覆 뒤집힐 복

【어휘】 感激 : 감격하다. 마음이 격동하다.
- 驅馳 : 말이나 수레를 몰아 빨리 달리다.
- 傾覆 : 전복되다. 기울어 엎어지다. 208년 유비劉備가 위魏의 조조曹操와 싸워 당양當陽의 장판長版에서 패한 일을 가리키는 말.

CV167320

• 爾來 : '以來'와 같다.

#15 以A(爲)B : A를 B라고 여기다

#5 A有B : A하고 또 B하다

숫자 사이의 有는 '더하기(+)'의 의미로 '~하고도'로 직해하는데, 풀이를 생략해도 무방하다. A又B, A且B 등도 동일하게 사용되는 경우가 있다.

선제先帝(유비劉備)께서는 신을 비루하다고 여기지 않으시고 외람되이 자신을 굽혀 세 번이나 초가집으로 신을 찾아주시고〔三顧草廬〕 당시 세상일을 신에게 물으시니 〈신은〉 이로 말미암아 감격하여 마침내 선제를 믿고〔許〕 급히 달려가게 되었습니다.

그 뒤로 나라가 기울어지는 때를 만나, 군대가 패할 무렵에 임무를 맡았고 위태롭던 시기에 명을 받은 이후로 스물하고도 한 해(21년)가 되었습니다.

20-3

先帝知臣謹愼이라 故로 臨崩에 寄臣以大事也하시니 受命以來로 夙夜憂嘆하여 恐託付不效하여 以傷先帝之明이라 故로 五月渡瀘하여 深入不毛러니

【훈음】 崩 무너질 붕 嘆(=歎) 탄식할 탄 瀘 강 이름 노

【어휘】 五月渡瀘 : 225년 노수瀘水를 건너 남방을 평정한 일.

선제께서는 신이 언행言行을 삼가고 조심한다는 것을 아셨기 때문에 돌아가실 때에 신에게 큰일을 맡기셨으니, 명령을 받은 뒤로는 밤낮으로 걱정하고 탄식하며 부탁하신 일을 공효功效를 이루지 못해 선제의 밝은 〈덕을〉 손상시킬까 두려웠습니다. 그래서 5월에 노수瀘水를 건너 깊이 불모지不毛地로 쳐들어갔습니다.

20-4

今南方已定하고 兵甲已足하니 當獎率(솔)三軍하고 北定中原하여 庶竭駑鈍하여 攘除姦凶하고 興復漢室하여 還于舊都가 此臣所以報先帝而忠陛下之職分也니이다

【훈음】 獎 권면할 장 率 거느릴 솔 駑 둔할 노 鈍 둔할 둔 攘 물리칠 양 除 제거할 제
姦 간사할 간 陛 섬돌 폐

【어휘】 奬率 : 격려하여 이끌다.
• 駑鈍 : 보잘 것 없는 재능. 본래 걸음이 느린 당나귀와 무딘 칼을 가리킨다.

이제 남방은 이미 평정이 되었고 무기와 갑옷도 이미 충분하니 마땅히 삼군三軍을 거느리고 북쪽으로 중원中原을 평정해야 할 것입니다. 그리하여 원하옵건대 저의 노둔駑鈍한 재주를 다하여 간흉한 무리를 제거하고 한漢나라 왕실을 부흥시켜 옛 도읍으로 돌아가는 것이 신이 선제께 보답하는 방법(所以)이며 폐하께 충성하는 직분입니다.

제갈량諸葛亮, 만고제회도상

21 陳情表 조모를 모시려는 심정을 아뢰옵니다

이밀李密(224~287)

이밀은 중국 남북조시대 진晉나라의 문신이다. 아버지가 일찍 죽고 어머니가 개가改嫁하는 바람에 할머니 유씨劉氏의 손에서 자라, 할머니의 봉양을 위해 이 글을 올리고 벼슬을 사양한 일로 유명하다.

21-1 伏惟聖朝以孝治天下하사 凡在故老 猶蒙矜育이요 況臣孤苦特爲尤甚하니이다 且臣少事僞朝하여 歷職郎署하니 本圖宦達이요 不矜名節이라

【훈음】 蒙 입을 몽 矜 불쌍히 여길 긍 僞 거짓 위 職 벼슬 직 圖 도모할 도

【어휘】 故老 : 전 왕조의 유신遺臣.
- 矜育 : 가엾이 여겨 봉양하다.
- 孤苦 : 외롭고 고달프다.
- 少事僞朝 : 이밀李密이 젊어서 촉한蜀漢에서 벼슬한 것.

A猶B 況C : A도 오히려 B한데 게다가 C하다 (解 ☞ 2:2)

엎드려 생각하옵건대, 성조聖朝(진 무제晉武帝)에서는 효도로 천하를 다스리시어 전 왕조의 유신(故老)도 오히려 불쌍히 여겨 길러주신 〈은혜를〉 입었습니다. 더구나 신은 외롭고 고달픔이 매우 심합니다. 또 신은 젊어서 거짓된 조정(僞朝)(촉한蜀漢)을 섬겨 낭서郎署(상서랑)의 직책을 지냈으니, 본래 벼슬의 영달을 도모한 것이요 명예와 절개를 자랑하지는 않았습니다.

21-2 今臣은 亡國賤俘로 至微至陋어늘 過蒙拔擢하니 豈敢盤桓하여 有所希冀리오 但以劉日薄西山하여 氣息奄奄하니 人命危淺하여 朝不慮夕이라 臣無祖母면 無以至今日이요 祖母無臣이면 無以終

CV167321

餘年이니 母孫二人이 更相爲命일새 是以區區不能廢遠이로소이다

【훈음】 俘 사로잡힐 부　拔 뽑힐 발　盤 머무를 반　冀 바랄 기　劉 죽일 류; 성씨
薄 가까이할 박　奄 호흡 약할 엄　淺 얕을 천　廢 폐할 폐

【어휘】 賤俘 : 천한 포로. 항복한 신하가 자신을 낮추어 이르는 말.
- 盤桓 : 머뭇거리면서 서성이다.
- 日薄西山 : 해가 서산에 뉘엿뉘엿하다. 늙어서 죽을 때가 가까이 이르렀음을 비유하는 말.
- 氣息奄奄 : 숨결이 몹시 약하여 숨이 넘어갈 듯한 모양.
- 危淺 : 병세가 위급하다. 사경에 이르다.
- 區區 : 자잘하고 용렬함. 자신을 낮추어 이르는 말이다.
- 廢遠 : 봉양하는 일을 그만두고 멀리 떠나다.

無A 無以B : A가 없으면 B할 수 없다

'無A 無B'와 '無以A'가 결합된 패턴이다. '無A 無B'는 'A가 없으면 B가 없다'의 구조이며 '無以A'는 'A할 所以(방법, 수단, 원인 혹은 능력)가 없다'는 의미이다.

이제 신臣은 망한 나라의 천한 포로로 지극히 미천하고 지극히 누추한데, 과분하게 〈성조께〉 발탁이 되었으니 어찌 감히 떠나지 못하고 머뭇거리며 바라는 바가 있겠습니까.

다만 조모祖母 유씨劉氏는 〈병으로〉 해가 서산에 이른 듯 거의 숨이 끊어질 〈듯하니〉 목숨이 위독하여 아침나절에도 〈그 날〉 저녁조차 생각할 수 없습니다.

신은 조모가 없었다면 오늘날에 이를 수 없었고, 조모도 신이 없다면 여생餘生을 마칠 수가 없으니, 조모와 손자 두 사람이 번갈아 서로 목숨을 돌보고 있는 처지이기 때문에 제가 〈봉양을〉 그만두고 멀리 떠나갈 수가 없습니다.

21-3

臣密은 今年四十有四요 祖母劉는 今年九十有六이니 是臣盡節於陛下之日은 長하고 報劉之日은 短也라 烏鳥私情이 願乞終養하노이다

【훈음】 乞 빌 걸　養 기를 양

【어휘】 烏鳥私情 : 반포지효反哺之孝를 이르는 말. 어미에게 되먹이는 까마귀의 효성.

- 四十有四 … 九十有六 : 숫자 사이의 '有'는 '더하기'의 의미로 '~하고도'로 직해하는데, 번역 시에는 아래와 같이 생략해도 무방하다. (解 ☞ 20:2)

신 이밀李密은 올해 나이가 44세이고, 조모 유씨劉氏는 올해 나이가 96세이니, 이것은 신이 폐하에게 충절을 다할 날은 길고 유씨에게 보답할 날은 짧습니다. 반포지효反哺之孝의 사사로운 정으로 생을 마칠 때까지 봉양하기를 원합니다.

21-4
臣之辛苦는 非獨蜀之人士와 及二州牧伯이 所見明知라 皇天后土도 實所共鑑이오니 願陛下는 矜愍愚誠하시고 聽臣微志하사 庶劉僥倖하여 卒保餘年이면 臣은 生當隕首요 死當結草리이다 臣不勝怖懼之情하여 謹拜表以聞하노이다

【훈음】 鑑 거울 감 愍 근심할 민 庶 혹시 서 僥 바랄 요 倖 요행 행 隕 떨어질 운

【어휘】 皇天后土 : 땅의 신과 하늘의 신을 이르는 말.
- 隕首 : 기꺼이 목숨을 바치다.
- 死當結草 : 죽어서라도 은혜를 잊지 않고 갚는다. = 결초보은結草報恩.

非獨A : 단지 A할 뿐만 아니다

#5 A及B : A와 B

신의 괴로움은 다만 촉 지방의 인사와 두 고을의 목백牧伯들이 보아 분명히 아는 바이고, 〈또한〉 황천皇天과 후토后土도 실로 함께 살피는 바입니다.

바라옵건데 폐하께서는 〈신의〉 어리석은 정성을 가엾게 여기시고 신의 하찮은 뜻을 허락해 주시어, 혹시라도〔庶〕 유씨가 요행僥倖으로 끝내 남은 목숨〔餘年〕을 보존하게 된다면, 신은 살아서는 마땅히 목숨을 바칠 것이오, 죽어서는 마땅히 결초보은結草報恩하겠습니다.

신은 두려운 마음을 이기지 못하며 삼가 표문을 올려 아뢰옵니다.

결초보은 結草報恩

춘추전국시대春秋戰國時代에 진晉나라 위무자魏武子의 아들과 위과魏顆가 아버지의 유언遺言을 실행하지 않고 그 서모庶母를 개가改嫁시켜 순사殉死를 면하게 하였더니, 후에 위과魏顆가 전쟁에 나가 진秦나라의 두회杜回와 싸워 위태할 때, 그 서모의 아버지의 망혼亡魂이 적군의 앞길에 풀을 잡아매어 두회를 사로잡게 하였다는 고사故事에서 온 말이다.

IV. 서독류(書牘類)

사적인 문서로 의례적인 문구를 넣어 정중하게 뜻을 전달하는 문장이다.

《문심조룡文心雕龍》에 의하면 기록하는 일을 서書라 하였는데, 처음에는 시대적인 이야기를 기록하였다. 춘추시대에는 대외교섭이 빈번하여 서간書簡을 지참한 사신이 많았다. 한漢나라 이후에는 더욱 개성 있는 서독書牘을 볼 수 있게 되었다.

종류로는 서書· 독牘· 간簡· 찰札· 첩帖· 계啓· 이문移文 등이 있다.

22 贈鄭在中 정재중에게 보내는 글

이용휴李用休(1708~1782)

이용휴는 조선 영조 때의 실학자다. 성호학파의 대표적 문인으로, 저서로 《혜환시집惠寰詩集》 등이 있다. 이 글에서는 눈에는 육체의 눈인 외안外眼과 마음의 눈인 내안內眼의 두 가지가 있은데, 마음의 눈을 통해 육체의 눈으로 인해 빚어지는 현혹을 바로잡아 한다고 말하고 있다.

22-1

眼有二니 曰外眼曰內眼이라 外眼以觀物하고 內眼以觀理로되 而無物無理하고 且外眼之所眩者는 必正於內眼이라 然則其用全在內矣라 且蔽交中遷하니 外反爲內害라 故古人願以初瞽還我者는 以此也라

【훈음】 眩 어지러울 현 蔽 가릴 폐 遷 옮길 천

【어휘】 蔽交中遷 : 〈시잠視箴〉의 "눈앞의 〈사물에 의해〉 가려지면 그 속마음이 곧 옮겨간다〔蔽交於前其中則遷〕"의 축약이다.

曰A 曰B : 'A와 B'

'曰外眼曰內眼'의 '曰'은 따옴표(' ', " ")의 역할을 한다.

無A無B : 어느 A건 B하지 않음이 없다

2중부정의 패턴으로 강한 긍정을 의미한다. A는 시간이나 장소의 부사형으로 풀이하여 '어느/어떤 A이고/이건' 또는 'A마다'로 풀이하는데, 따라서 위의 '無物'은 '어떤 물건이건', 또는 '물건마다'의 풀이가 가능하다.

가정의 패턴에서 'A가 없으면 B할 수 없다'(解 ☞ 21:2)와는 구조가 다른 점에 유의하자.

A之所B者 : A에서 B되는 것

이곳의 所는 피동을 의미하는 역할을 하는 한자로, 'A之所以B者'(解 ☞ 6:2)와 구분해야 한다.

#21 A者以B也 : A는 B 때문이다 (解 ☞ 6:2)

CV167322

눈에는 두 가지가 있으니, '외안外眼(외부를 보는 눈)'과 '내안內眼(내부를 보는 눈)'이다. 외안으로는 〈외부의〉 사물을 살피고, 내안으로는 이치를 살핀다.

그런데 어떤 사물이건 이치가 없는 것이 없다. 또 외안에서 현혹되는 것은 반드시 내안內眼에서 바로잡혀야 한다. 그렇다면 그 쓰임(用)이 모두 내안에 〈달려〉 있는 것이다. 게다가 〈외물이 눈앞을〉 가리면 속마음이 〈물욕으로〉 옮겨가게 되어, 외물이 도리어 내면의 해가 된다. 그러므로 옛 사람들이 "처음 장님이었던 상태로 나를 돌려다오."라고 한 것은 이것 때문이었다.

22-2

在中은 今年四十矣로니 四十年中所見이 不爲不多라 雖從此至大耋이로되 不過如前하여 後之在中이 猶夫今之在中을 可知也라 幸在中外障防視物하고 得專內視하니 見理益明이라 後之在中은 必不爲今之在中이라 如是則勿論點睛退瞖之方하고 雖金篦刮膜이라도 亦不願矣라

【훈음】 耋 늙은이 질 障 가릴 장 睛 눈동자 정 退 물릴 퇴 瞖 흐릴 예 篦 빗치개 비
刮 깎을 괄 膜 각막 막

【어휘】 大耋 : 80세의 나이를 일컫는 말.
• 金篦 : 눈병을 치료하는데 쓰는 금으로 만든 빗치개.

#1 A不爲B : A는 B가 아니다

#27 從A至B : A부터 B에 이르다

'自A至B'에서 自 대신 從이 쓰인 경우이다. 이처럼 自의 자리에 '由, 從'이, 至의 자리에 達이 쓰이기도 한다.

#51 A猶B : A는 B와 같다

재중在中은 올해 나이 마흔이 되었으니, 40년 세월 동안 눈으로 본 바가 적지 않을 것이다. 비록 지금부터 여든 살(大耋)에 이른다 해도, 〈본 바가〉 예전과 같은 것에 지나지 않아서, 뒷날의 재중이 볼 바가 현재의 재중과 같을 것임을 알 수 있다.

〈그렇지만〉 다행스럽게도 재중은 사물의 〈외형을〉 보는 눈에 장애가 있고, 오로지 내면

을 보는 〈능력만을〉 얻었기에 이치를 보는 것이 더욱 분명하다. 그러므로 뒷날의 재중은 반드시 오늘날의 재중이 아닐 것이다.

이와 같은 〈실정이라면〉 눈동자의 백태를 없애는 처방은 말할 것도 없고, 비록 쇠칼로 각막을 깎아 〈눈을 뜨게 한다고 하더라도〉 원하지 않을 것이다.

23 答蒼厓 창애에게 답하다

박지원朴趾源(1737~1805)

박지원은 조선 후기 실학자 겸 문인이며, 호는 연암이다. 이용후생의 실학을 강조하였으며, 자유기발한 문체를 구사하여 여러 편의 한문소설漢文小說을 발표하였다. 저서로《열하일기熱河日記》 등이 있다. 이 글은 창애蒼厓 유한준兪漢雋(1732~1811)에게 보낸 편지로, 갑자기 눈을 떠 길을 잃고 만 소경이 길을 잃어버린 내용을 풍자하여 자신의 목소리와 길을 찾으라고 권하고 있다.

23-1

還他本分은 豈惟文章가 一切種種萬事摠然이라 花潭出이라가 遇失家而泣於塗者하여 曰 爾奚泣고하니 對曰 我五歲而瞽으로 今二十年矣이라 朝日出往이라가 忽見天地萬物清明하여 喜而欲歸로되 阡陌多岐하고 門戶相同하여 不辨我家하니 是以泣耳라

【훈음】 摠 모두 총　塗(≒途) 길 도　瞽 장님 고　阡 두렁 천　陌 두렁 맥　岐 갈림길 기
辨 분별할 변

【어휘】 蒼厓 : 유한준兪漢雋(1732~1811)의 호. 젊은 시절에 연암과 절친하였으나, 나중에《열하일기》를 비방하고 산송山訟을 벌였다.
- 花潭 : 서경덕徐敬德(1489~1546)의 호.
- 阡陌 : 사방으로 난 길. 본래 남북으로 난 것을 천阡, 동서로 난 것을 맥陌이라 한다.

豈惟A : 어찌 A에만 그치겠는가?

자신의 본분으로 돌아가라(還他本分)는 것이 어찌 오직 문자에만 그치겠습니까. 일체의 갖가지 모든 일들이 다 그렇습니다.

화담花潭 선생이 외출했다가 집을 잃고 길에서 울고 있는 〈소경을〉 만났습니다. 그에게 말하기를 "그대는, 왜 울고 계신가요?" 하였더니, 대답하기를 "저는 다섯 살에 소경이 되어 이제 스무 해가 되었습니다. 아침에 밖에 나와 길을 가는데 갑자기 천지 만물이 환해지는 것을 보고는 기쁘게 집에 돌아가려 했더니, 사방으로 뻗은 길(阡陌)엔 갈림길이 많고 문들이

CV167323

서로 같아 제 집을 구분할 수가 없었습니다. 그래서 울고 있었습니다." 하였습니다.

23-2
先生曰 我誨若歸라 還閉汝眼이면 卽便爾家라 於是에 閉眼扣相하여 信步卽到하니 此無他라 色相顚倒하고 悲喜爲用하여 是爲妄想이라 扣相信步는 乃爲吾輩守分之詮諦요 歸家之證印이라

【훈음】 誨 가르칠 회 閉 닫을 폐 爾 너 이 悲 슬플 비 詮 설명할 전 諦 살필 체

【어휘】 顚倒 : 엎어져서 넘어지다.
• 詮諦 : 진정한 도리.

화담 선생이 말하기를, "제가 그대(若)가 돌아갈 방법을 일러드리지요. 그대가 눈을 도로 감는다면 곧바로 그대의 집이 〈나올 것입니다〉."라고 하였습니다. 그래서 〈소경은〉 눈을 감고 지팡이를 짚어가며 본래의 발걸음에 맡겼더니 곧바로 〈집에〉 도착하였답니다.

이 〈소경이 길을 잃은 까닭은〉 다른 것이 아닙니다. 빛이 뒤바뀌고 기쁨과 슬픔이 작용하여 망상을 일으킨 〈때문입니다〉. 지팡이를 더듬어 본래 걸음에 맡긴 것이 바로 우리가 분수를 지키는 비결이요, 제 집으로 돌아가는 신표信標입니다.

24 報任少卿書 임소경에게 보내는 편지

사마천司馬遷(B.C.145?~B.C.86?)

사마천은 한 무제漢武帝 때의 역사가이다. 흉노족과의 전투에서 투항한 이릉李陵을 옹호하다가 무제의 노여움을 사 궁형宮刑을 당한 후, 중국 2천여 년의 역사를 담고 있는 최고의 기전체紀傳體 통사通史인 《사기史記》를 완성하였다. 이 글은 사마천이 자신의 벗인 임소경任少卿에게 보낸 유명한 편지로, 궁형을 당한 자신의 심경과 처지를 상세히 기록하고 있다.

24-1

僕之先人이 非有剖符丹書之功이요 文史星歷이 近乎卜祝之間하니 固主上所戲弄하여 倡優畜(휵)之하고 流俗之所輕也라 假令僕伏法受誅라도 若九牛亡一毛하여 與螻蟻何以異리오

【훈음】 剖 쪼갤 부 符 부절 부 戲 놀릴 희 弄 희롱할 농 倡 여광대 창 畜 기를 휵
誅 벨 주 螻 땅강아지 루 蟻 개미 의

【어휘】 任少卿 : 한漢나라 무제武帝의 신하, 임안任安의 성과 자를 아울러 부른 말.
- 剖符 : 지방 장관으로 부임하다. 본래 죽부竹符의 절반을 나눠 신표信標로 삼는 일. = 분부分符·부죽剖竹.
- 丹書 : 쇳조각에 지워지지 않게 붉은 글씨로 써서 공신功臣에게 주어 대대로 죄를 면하게 하는 증명서.

#66 假令A : 만약 A하면

與A何以B : A와 무엇이 B하겠는가?

저의 선친(사마담司馬談)께서는 부부剖符나 단서丹書로 〈관직을 받을 만한〉 공로가 없습니다. 사관·율력律曆의 일은 점을 치고 축을 올리는 순간에 가깝습니다. 〈이러한 일은〉 진실로 주상께서 장난삼아 노시던 것으로 광대(倡優)를 양성하는 것과 〈같아〉 세상 사람들이 가볍게 여기는 것입니다.

만약 제가 형벌을 받아 죽임을 당하더라도 아홉 마리의 소에서 털 하나 잃은 것(九牛一毛)과 같아서, 땅강아지나 개미와 〈같이 미천한 존재와〉 무엇이 다르겠습니까.

CV167325

24-2

而世又不與能死節者比요 特以爲智窮罪極에 不能自免하여 卒就死耳라하리니 何也오 素所自樹立使然也라 人固有一死나 或重於太山하고 或輕於鴻毛는 用之所趨異也일새라

【훈음】 鴻 큰 기러기 홍　趨(≒嚮) 향할 추

【어휘】 使然 : ~이 시켜서 그렇게 되다.

#54 A於B : B보다 A하다

• 智窮罪極 : 지궁智窮을 '지혜의 밝음으로 인한 곤궁'이라는 의미로 풀이할 경우 '밝은 지혜로 얻은 곤궁함으로 죄가 지극해졌다' 정도의 의미로 풀이할 수도 있다.

게다가 세상 〈사람들은〉 또 능히 절개를 지켜 죽을 사람과 비교하지 않고, 다만[特] 저를 지혜가 모자라고 죄가 극에 달하여 스스로 벗어나지 못하고 끝내 사지死地로 나아갔다고 여길 뿐입니다. 어째서일까요? 평소 스스로 세운 공으로 그렇게 된 것입니다.

사람이란 본디 한 번은 죽는데, 어떤 〈죽음은〉 태산泰山보다 더 무겁고 어떤 〈죽음은〉 홍모鴻毛보다 더 가벼운 것은 〈자신의〉 쓰이는 방향이 다르기 때문입니다.

24-3

太上은 不辱先하고 其次는 不辱身하고 其次는 不辱理色하고 其次는 不辱辭令하고 其次는 詘體受辱하고 其次는 易(역)服受辱하고 其次는 關木索(삭)被箠楚受辱하고 其次는 剔毛髮嬰金鐵受辱하고 其次는 毁肌膚斷肢體受辱하고 最下腐刑이 極矣라

【훈음】 辱 욕되게 할 욕　詘(≒屈) 굽힐 굴　關 빗장 관　索 끈 삭　箠 채찍 추　楚 회초리 초
剔 바를 척　嬰 두를 영　毁 훼손할 훼　膚 살갗 부　斷 끊을 단　肢 사지 지　腐 썩힐 부

【어휘】 理色 : 도의와 체면.

• 詘體 : 몸을 구부림. 오랏줄에 묶이거나 형구를 참다.
• 易服(=役服) : 붉은 죄수복으로 갈아입다.
• 關木 : 관삼목關三木의 준말. 관關은 '잠금'이란 뜻이고, 삼목三木은 죄인의 목과 손과 발에 채우는 세 가지 나무로 만든 형구.
• 箠楚 : 죄인의 볼기를 치는 데에 쓰던 형구.

• 腐刑 : 남성의 생식기를 거세하는 궁형宮刑.

가장 훌륭한 〈죽음은〉 선조를 욕되지 않게 하는 것이고, 그 다음은 자신을 욕되지 않게 하는 것이며, 그 다음은 도의와 체면(理色)을 욕되지 않게 하는 것이고, 그 다음은 언사에 욕됨이 없게 하는 것입니다.

그 다음은 오랏줄에 몸을 묶여(詘體) 욕을 당하는 것이고, 그 다음은 죄수복을 입어(易服) 욕을 당하는 것이며, 그 다음은 형틀(關木)에 묶여서 곤장(箠楚)을 맞아 욕을 당하는 것이고, 그 다음은 머리를 깎이고 목에 쇠사슬을 두르고 욕을 당하는 것이며, 그 다음은 피부가 벗겨지고 사지를 잘리는 욕을 당하는 것이고, 가장 나쁜 것으로는 궁형宮刑이 마지막입니다.

사마천司馬遷, 만고제회도상

25 答李翺書 이익에게 보내는 답장

한유韓愈(768~824)

> 한유는 당나라를 대표하는 문장가이자 정치가이다. 당송팔대가唐宋八大家의 한 사람으로, 이 글에서 자신의 문장을 짓는 태도를 상세히 밝히고, 여러 단계 중에서 우선적으로 나아가야 할 길을 제시하고 있다.

25-1

六月二十六日에 愈白李生足下하노라 生之書辭甚高로되 而其問何下而恭也오 能如是면 誰不欲告生以其道리오 道德之歸也 有日矣온 況其外之文乎아 抑愈는 所謂望孔子之門墻而不入于其宮者니 焉足以知是且非邪아

【훈음】 翺 날개 익;인명 下 자신을 낮출 하 抑 어조사 억;그러나 墻 담 장 焉 어찌 언

【어휘】 李翺 : 한유韓愈 제자弟子의 한 사람. 정원貞元 18년(802)에 한유가 부고관副考官 육참陸傪에게 편지를 보내 추천한 일이 있는데, 그해 진사과에 급제하였다.
• 足下 : 윗사람이나 같은 또래를 일컫는 존칭.

#48 況A乎 : 하물며 A에서야?

#44 焉A邪 : 어찌 A하겠는가?

• 道德之歸也 有日矣 : '도덕을 〈갖추어〉 돌아갈 날이 멀지도 않다'로 직역되나, 이 표현은 '도덕을 거의 다 갖추었다'는 의미이다.
• 愈所謂望孔子之門墻而不入于其宮者 : 이 부분은 한유가 《논어》 〈자장子張〉을 인용하여 자기는 입언立言의 방법에 대해 그 언저리에 이르렀을 뿐, 깊은 경지에 도달하지 못하였다고 비유한 것이다.

6월 26일, 한유韓愈는 이생李生 족하足下께 말씀드립니다.

이생께서 보내신 편지의 글은 솜씨가 매우 뛰어난데도, 그 편지의 질문은 어쩌면 이리도 겸손하고[下] 공손하신지요. 이와 같다면, 누군들 그대[生]에게 〈입언의〉 도를 말해주려 하지

CV167326

않겠습니까. 〈그대의 겸손함에 이미〉 도덕의 수양修養이 머지않아 성취될 것인데, 하물며 도덕이 밖으로 드러난 문장에서야.

그러나〔抑〕 저(한유韓愈)는 《《논어論語》에》 이른 '공자孔子의 담장만 바라보고 그 집의 안으로 들어가지 못한 사람'이니, 어찌 〈제가〉 옳고 그름을 알 수 있겠습니까.

25-2

雖然이나 不可不爲生言之로라 生所謂立言者是也니 生所爲者與所期者甚似而幾矣니라 抑不知生之志는 蘄勝於人而取於人耶아 將蘄至於古之立言者邪아 蘄勝於人而取於人이면 則固勝於人而可取於人矣니라

【훈음】 是 옳을 시 蘄 바랄 기 勝 나을 승 將 아니면 장 固 이미 고

【어휘】 立言 : 글을 지어 학설이나 사상의 체계를 세우다.

• 抑不知生之志 … 將蘄至於古之立言者邪 : 본래 '不知'가 전체 문장의 서술어이나, 서술어의 보어가 '生之志 … 立言者邪'에 해당하여 너무 길다. 이런 문장을 독해할 때는 아래와 같이 '不知'를 '모르겠다'로 미리 풀이해도 된다.

비록 그렇지만, 그대를 위해 문장에 대해 말하지 않을 수 없습니다. 그대는 이른바 입언자立言者가 맞으니, 그대가 행하는 것과 바라는 것이 〈입언자와〉 매우 유사하고 가깝습니다.

그러나 〈저는〉 모르겠으니, 그대의 뜻은 다른 사람보다 뛰어나 남에게 발탁되기를 바라시는 것인지요? 아니면〔將〕 옛날의 입언立言의 경지에 이르기를 바라시는 것인지요?

만약 다른 사람보다 뛰어나 남에게 발탁되기를 원한다면, 그대는 이미〔固〕 남보다 뛰어나서 발탁될 수 있을 것입니다.

공자의 담벼락

《논어》 〈자장子張〉에서 자공子貢은, "담에 비유하면 내 집의 담은 어깨 높이여서 방사房舍의 아름다움을 엿볼 수 있으나, 공자의 담은 높이가 몇 길이어서 그 대문을 찾아 들어가지 않으면 아름다운 종묘와 다양한 방사를 볼 수가 없다.〔譬之宮牆 賜之牆也及肩 窺見室家之好 夫子之牆數仞 不得其門而入 不見宗廟之美 百官之富〕"라고 하였다.

V. 전장류(傳狀類)

인물의 일대기를 기록하는 형식이다.

한漢나라 사마천司馬遷이 《사기史記》를 저술할 때에 그 속에 〈열전列傳〉 70권을 삽입함으로써 열전을 正史의 일부로 파악하게 되었다. 또 정사 이외에 〈열선전列仙傳〉·〈열녀전烈女傳〉·〈고사전高士傳〉·〈고승전高僧傳〉 등과 같이 동일한 성질의 것끼리 모아놓은 것도 있다.

당唐나라 이후에는 정사에 기록된 것을 본전本傳이라 하고, 별도로 꾸며놓은 전기를 별전別傳 또는 소전小傳이라 하였으며, 그 자손이 꾸민 것을 가전家傳이라 한다. 행장行狀은 전기에 비해서 비교적 이력이 상세하게 적혀 있으며, 자손이나 문인이 쓰는 것이 보통이다.

종류로는 전傳·사전史傳·가전家傳·별전別傳·외전外傳·소전小傳·행장行狀·사략事略·내전內傳·보전補傳·세가世家·실록實錄 등이 있다.

26 孔方傳 엽전

임춘林椿(?~?)

임춘은 강좌칠현江左七賢의 한 사람으로 시와 술로 세월을 보냈던 고려시대 문인이다. 한문과 당시唐詩에 능하였다. 작품으로 〈국순전麴醇傳〉 등이 있다. 이 글은 돈을 의인화한 고려 후기 가전체假傳體 작품의 하나로 돈의 폐해를 비판하고 있다.

26-1

方性貪汙而少廉隅하여 既*摠管財用하여 好權子母輕重之法하여 以爲便(편)國者은 不必古在陶鑄之術爾라하니 遂與民爭錙銖之利한데 低昂物價하여 賤穀而重貨하여 使民棄本逐末하여 妨於農要러라 時諫官이 多上疏論之로되 上不聽라

【훈음】 孔 구멍 공 汙 더러울 오 隅 모퉁이 우 摠 다 총 權 저울질 할 권 輕 가벼울 중 陶 질그릇 도 鑄 쇠 불릴 주 錙 저울눈금 치 銖 저울눈금 수 低 숙일 저 昂 오를 앙 穀 곡식 곡 貨 재화 화 逐 좇을 축 諫 간할 간 疏 상소할 소

【어휘】 孔方 : 본래 테두리는 둥글고 안은 모난 구멍이 뚫린 엽전.
- 廉隅 : 염치廉恥.
- 子母 : 이자와 원금.
- 陶鑄 : 거푸집을 만들어 기물을 주조하다. 여기서는 공업工業을 가리킨다.
- 錙銖 : 매우 적은 수량을 비유하는 말. 본래 무게의 단위인 치錙와 수銖를 말한다.

既A : A한 뒤에

- 不必古在陶鑄之術爾 : 不必古在陶鑄之術爾 (8 1 2 6 3 4 5 7)

방方은 성품이 탐욕스럽고 더러우며 염치廉恥가 적었다. 재물을 도맡아 관리한 뒤로는, 이자와 원금의 무게를 저울질하는 법을 좋아하여, "나라를 편하게 하는 것은 반드시 그 근원〔古〕이 도공과 주물 〈등 공업工業의〉 기술에 있는 것 뿐만은 아니다."라고 하였다.

결국 백성과 매우 적은 이익까지 다퉜는데, 물건 값을 〈제멋대로〉 오르내리게 하고 곡식을 천하게 하고 재화財貨를 귀하게 하여, 백성으로 하여금 근본〔農〕을 버리고 말단〔商〕을 좇

CV167334

게 하여 농사에 방해를 끼쳤다.

당시 간관諫官들이 여러 차례 소疏를 올려 그 사실을 따졌지만 상께서 듣지 않았다.

26-2

方又巧事權貴하여 出入其門하고 招權鬻爵하여 升黜在其掌이라 公卿多撓節事之하니 積實聚斂하여 券契如山하여 不可勝數라 其接人遇物할새 無問賢不肖하고 雖市井人이라도 苟富於財者면 皆與之交通하니 所謂市井交者也라

【훈음】 鬻 팔 죽 爵 벼슬 작 黜 내칠 출 撓 흔들릴 요 券 문서 권 契 맺을 계

【어휘】 升黜 : 승진과 파면.
- 撓節 : 절개를 굽히다.
- 券契 : 어음이나 증서.

방方은 또 권세 있는 귀한 사람들을 잘 섬겨〔事〕, 그들의 문을 드나들며 권세를 부르고 벼슬을 팔아서, 올려주고 내치는 것이 그의 손아귀에 달려 있었다. 공경公卿들이 대부분 절개를 굽혀 방을 섬겼으니, 곡식을 쌓고 뇌물을 거둬들여, 〈쌓아놓은〉 문권과 증서가 산 같아서 이루 다 셀 수 없었다.

그는 사람을 접하고 인물을 대할 때도 어질고 불초不肖함을 따져 묻지〔問〕 않고, 비록 시정市井 사람이라도 만약 재물에 부유한 사람이면 모두 그들과 교류하였으니, 이른바 '시정의 사귐'이란 것이다.

26-3

時或從閭里惡少하여 以彈棋格五爲事라 然頗好然諾이라 故時人爲之語曰 得孔方一言은 重若黃金百斤이라하다

【훈음】 彈 탄환 탄 棋(=棊) 바둑 기

【어휘】 時或 : 때로는.
- 彈棋(=彈棊) : 바둑.
- 格五 : 투전의 하나인 주사위 놀이.
- 然諾 : 승낙하는 말. 그렇게 하겠다고 허락하다.

- 頗好然諾이라 故時人 : '~이라'라는 현토는 '~한지라'의 의미로 '~하기 때문에' 또는 '~한 까닭에'로 풀이하는데, '~이다.'의 종결형과 형태가 같으므로 구분하여야 한다.

때로는 거리의 악인이나 소인배들을 좇아서 바둑을 두거나 투전을 일삼았다. 그러나 승낙하는 것을 매우〔頗〕 좋아한 까닭에 그때 사람들은 그 일 때문에 평하여 말하기를, "공방孔方의 말 한마디를 얻는 일은 그 무게가 황금 백 근과 같다."라고 하였다.

27 待客饌品 손님 접대하는 음식의 등급

서거정徐居正(1420~1488)

> 서거정은 조선 전기의 문신이자 학자이다. 《경국대전經國大典》 등의 편찬에 참여하였고 《향약집성방鄕藥集成方》을 국역하였다. 이 글은 《태평한화골계전太平閑話滑稽傳》에 실린 해학적인 짧은 이야기로, 사람을 등급 매겨 대접하는 수령이 손님에게 망신을 당하는 내용이다.

27-1

有一守令이 待客饌品에 定爲三品하여 嘗約邑人이라 欲厚餉者則捫眉하고 次則捫鼻하고 次則捫頤하리니 每客來에 餉儀豐殺는 以此爲驗이라하다

【훈음】 饌 반찬 찬　餉 먹일 향　捫 어루만질 문　眉 눈썹 미　頤 턱 이　殺 줄일 쇄

【어휘】 豐殺 : 더함과 줄임.

每A : A할 때마다

어떤(有) 수령守令이 손님을 대접하면서 음식의 등급을 셋으로 정하여, 일찍이 고을사람과 약속하되, "후하게 대접하고자 하는 사람이면 눈썹을 만질 것이고, 그 다음은 코를 만질 것이며, 또 그 다음은 턱을 만질 것이니, 손님이 올 때마다 대접의 예를 풍성하게 할 것인지 줄인 것인지는 이 행동을 증표(驗)로 삼으라." 하였다.

27-2

有一客이 嘗聞其語하고 到邑寒暄畢就坐라가 見太守捫其頤하여 避席請曰 夙參交分하니 願主人肯之以眉라하니 守赧然하여 饌品甚盛이라

【훈음】 暄 따뜻할 훤　畢 다 필　避 피할 피　參 참여할 참　肯 바랄 긍　赧 얼굴 붉힐 난
盛 성대할 성

【어휘】 寒暄 : 안부 인사. 날씨가 추운지 더운지에 관하여 서로 인사를 나는데서 유래하였다.
• 赧然 : 부끄러워 얼굴이 붉어지는 모양.

CV167335

願A : 바라건대 A하소서 / A를 바랍니다

'願主人肯之以眉'를 풀이하면 '바라건데 주인께서는 긍정하기를 눈썹으로써 하소서' 또는 '주인이 긍정하기를 눈썹으로 하기를 바랍니다.' 등이 모두 가능하다.

A之以B : A하기를 B로써 하다 / B를 A하다

어떤(有) 한 손님이 일찍이 그 말을 듣고는, 읍에 이르러 안부 인사(寒暄)를 마치고 자리에 나아가다가 태수太守가 턱을 만지는 것을 보고 자리를 피하며 청하기를, "일찍부터 교분에 참여하였으니 주인께서는 눈썹을 〈만져주시기〉 바랍니다."라고 하니, 태수는 얼굴을 붉히면서 음식을 매우 성대하게 〈대접〉 하였다.

28 看書痴傳 책벌레

이덕무李德懋(1741~1793)

이덕무는 정조 때의 학자이다. 근세 사대가四大家의 한 사람으로 이름을 떨쳤으며, 박학다재하고 바둑에도 일가견이 있어 〈혁기론奕棋論〉을 썼다. 이 글은 자신을 책벌레에 비유한 내용으로 책을 보며 세월을 보내온 자신의 일생을 요약하였다.

28-1

木覓山下에 有痴人한데 口訥不善言이라 性懶拙하고 不識時務하며 奕棋尤不知也라 人辱之不辨하고 譽之不矜하며 惟看書爲樂하여 寒暑飢病은 殊不知라

【훈음】 覓 구할 멱 痴(=癡) 어리석을 치 訥 말더듬을 눌 懶 게으를 나 拙 졸렬할 졸

【어휘】 木覓山 : 서울 남산의 옛 이름.
- 口訥 : 말이 어눌하다.
- 時務 : 시급한 일. 그 시대에 다루어야할 일.

남산〔木覓山〕 아래에 어떤〔有〕 바보가 사는데 어눌하여 말을 잘하지 못했다. 성품이 게으르고 졸렬하여 시급히 힘써야할 일을 모르고 바둑이나 장기는 더더욱 몰랐다.

남들이 욕을 해도 〈잘잘못을〉 따지지 않고 칭찬을 해도 뽐내지 않으며, 오직 책 보는 것만을 즐거움으로 삼고서, 추위와 더위, 굶주림과 병은 전혀〔殊〕 알지 못하였다.

28-2

自塗鴉之年으로 至二十一歲히 手未嘗一日釋古書라 其室甚小나 然有東牕하고 有南牕하며 有西牕焉하니 隨其日하여 之東西하여 受明看書라 見未見書하면 輒喜而笑하니 家人見其笑하고 知其得奇書也라

【훈음】 塗 진흙 도 鴉 갈가마귀 아 釋 풀 석 牕(=窓) 창문 창

CV167336

【어휘】 塗鴉之年 : 어린 나이. 종이 위에 먹을 칠하여 새까맣게 하는 나이.

#27 自A至B : A부터 B(에 이르기)까지

A輒B : A하기만 하면 B하다

〈그는〉 어려서부터 스물한 살이 될 때까지, 손에서 하루도 옛 책을 놓아본 적이 없었다. 그의 방은 매우 좁았지만, 동쪽에 창이 있고 남쪽에 창이 있고 서쪽에 창이 있어서, 해를 따라 동쪽과 서쪽으로 가면서(之) 햇볕을 받아 가면서 책을 읽었다.

〈그는〉 보지 못한 책을 볼 때마다 기뻐하며 웃었으니, 집안사람들은 그의 웃음을 보고서도 기이한 책을 얻었음을 알았다.

28-3

尤喜子美五言律하여 沈吟如痛痾한데 得其深奧면 喜甚하여 起而周旋하니 其音如鴉叫라 或寂然無響하여 瞠然熟視하고 或自語如夢寐人하니 目之爲看書痴로되 亦喜而受之라 無人作其傳하여 仍* 奮筆書其事하여 爲看書痴傳나 不記其名姓焉이라

【훈음】 沈 나지막할 침 痾 병 아 奧 심오할 오 旋 돌 선 瞠 눈 휘둥그레 볼 당 奮 떨칠 분

【어휘】 子美 : 당唐나라의 시인 두보杜甫(712~770)의 자字.
• 沈吟 : 낮게 읊조리며 음미하다. 낮은 소리로 중얼거리다.
• 奮筆 : 문장을 단숨에 써내려가다.

A仍B : A 때문에 B하다

더욱이 자미子美(두보杜甫)의 오언율시五言律詩를 좋아하여 중얼거리는 것이 마치 병든 듯하였는데, 심오한 의미를 터득하면 기뻐함이 심해져서 일어나서 돌아다니는데, 그 소리가 마치 갈가마귀가 우는 것 같았다.

간혹 조용하게 아무 소리도 없이 눈을 둥그렇게 뜨고 〈어딘가를〉 응시하기도 하고, 간혹 혼잣말은 잠꼬대하는 사람과 같았다. 〈사람들은〉 그를 지목하여 '간서치看書痴(책만 보는 바보)'라고 하는데도 역시 〈그 별명을〉 기쁘게 받아들였다.

그의 전傳을 짓는 사람이 없었기에 단숨에 붓을 들어 그의 행적을 기록하여 〈간서치전看書痴傳〉을 짓되, 그의 성명은 기록하지 않는다.

29 五柳先生傳 '오류선생'이라 자호한 이유

도잠陶潛(365~427)

도잠은 그의 성과 이름을 아울러 도연명陶淵明이라고 부른다. 그는 동진東晋 말에서 송대宋代 초기에 활동한 중국의 대표적 시인이다. 기교를 부리지 않은 평담平淡한 시풍으로 당시의 사람들로부터는 경시를 받았지만, 당대 이후는 6조六朝 최고의 시인으로서 이름이 높아졌다. 이 글에서는 도연명이 자기 집 앞에 버드나무 다섯 그루를 심고 스스로를 오류선생이라 하게 된 이유를 펼치고 있다.

29-1

先生은 不知何許人이요 亦不詳其姓字며 宅邊에 有五柳樹하여 因以爲號焉이라 閑靖少言하고 不慕榮利하며 好讀書하되 不求甚解하고 每有意會면 便欣然忘食이라

【훈음】 邊 가 변 號 부를 호 靖 편안할 정 慕 사모할 모 欣 기쁠 흔

【어휘】 何許 : 어떤. 어떠한.
• 欣然 : 기뻐하는 모양.

A因B : A 때문에 B하다

선생은 어떤 사람인지 모르고 그의 성姓도 상세하지 않으며, 집 가에 다섯 그루의 버드나무가 있었기 때문에 그것으로 〈자신의〉 호로 삼았다.

한가하고 조용하여 말수가 적고 영화榮華와 재리財利를 탐하지 않으며, 독서를 좋아하지만 깊은 이해를 구하지 않고 매번 자신의 뜻과 맞으면 기뻐하며 밥 먹는 것조차 잊었다.

29-2

性嗜酒하되 家貧不能常得하니 親舊知其如此하고 或置酒而招之면 造飮輒盡하여 期在必醉하고 旣醉而退하여 曾不吝情去留라

【훈음】 嗜 즐길 기 吝 아쉬워할 인

【어휘】 吝情 : 아쉬워하는 마음.

CV167337

A輒B : A하면 매번 B하다

성품이 술을 좋아하였지만 집이 가난하여 항상 얻을 수 없었다. 친구들이 그의 이러한 〈사정을〉 알아서 간혹 술을 두고 그를 부르면, 나아가 마실 때마다 다 마셔서 반드시 취하기를 기약하였고 취한 뒤에야 물러나와서 일찍이 떠남과 머무름에 마음에 아쉬워하지 않았다.

29-3

環堵蕭然하여 不蔽風日하고 短褐穿結하며 簞瓢屢空하되 晏如也러라 嘗著文章自娛하여 頗示己志하고 忘懷得失하여 以此自終하니라

【훈음】 堵 담 도　蕭 드문드문할 소　褐 털옷 갈　穿 뚫을 천　結 기울 결　簞 대광주리 단
瓢 박 표　屢 자주 루　晏(≒安) 편안할 안

【어휘】 蕭然 : 성긴 모양.
- 穿結 : 옷에 난 구멍을 기우다.
- 簞瓢 : 도시락밥과 표주박에 담긴 물.
- 晏如 : 불안하지 않고 편안하다.
- 忘懷 : 개의치 않다. 마음에 두지 않다.

둘러친 담은 듬성듬성하여 바람과 해를 가리지 못하고, 짧은 갈옷은 구멍이 뚫려 기워 입었으며, 도시락밥과 표주박물은 자주 비었지만 편안하였다.

일찍이 문장 짓는 일로 스스로 즐거움을 삼아 제 뜻을 그럭저럭〔頗〕 드러내 보였고, 〈그에 따른〉 이해득실利害得失에 개의치 않고서 이렇게 일생을 마쳤다.

도연명陶淵明, 만소당죽장화전

Ⅵ. 잡기류(雜記類)

기記는 기사문記事文으로, 사건이나 사물 등에 대해 사실적 일들을 적은 글이다.

비교적 형식이 자유스럽고 제재도 넓은 범위에 걸쳐 있다.

궁실의 수조修造, 산수의 유력遊歷, 일기와 같은 성격을 가진 일록日錄, 심지어는 미물에 대한 감상을 표현한 것도 있다.

30 麗澤堂記 이택당에 관한 기록

이식李植(1584~1647)

이식은 조선 인조 때의 문신으로, 대제학·예조판서 등을 역임하였다. 장유張維와 더불어 당대의 이름난 학자로서 한문 4대가의 한 사람으로 꼽힌다. 저서로 《택당집澤堂集》 등이 있다. 이 글은 당堂을 지은 박경모朴景模가 부탁해 쓴 기문으로 사람이 일정한 업이 없으면 매우 어렵지만 박경모는 그렇지 않다고 하였다.

30-1

人不可以無業하며 業不可以無居라 百工居肆以致其用한데 君子亦猶是也라 自夫井田廢而民無常居하고 學校壞而士無常業하여 游閒之徒가 紛然騖於天下하며 終老而不知休나 其心志도 亦隨其骨體而化焉이라

【훈음】 肆 저자 사 廢 폐할 폐 壞 무너질 괴 游 놀 유 閒(=閑) 한가할 한 隨 따를 수

【어휘】 致用 : 쓰임을 지극하게 함. 또는 쓸모를 이루게 함.
- 紛然 : 분주한 모양.
- 井田 : 정전제井田制.

사람은 업業이 없을 수 없으며 업을 〈갖는 데에는〉 거처가 없을 수 없다. 백공百工은 시장에 거처하여 〈물건의〉 제 쓰임을 이루게 하는데, 군자도 이와 같은 점이 있다.

정전제井田制가 폐지되면서부터 백성들은 일정한 거처가 없어졌고, 학교 제도가 무너지자 선비들은 일정한 직업이 없어져, 한가한 무리들은 분주히 천하를 돌아다니며 늙어 죽을 때까지도 쉴 줄을 모르지만 그 마음과 뜻도 그 육체를 따라 변화한다.

30-2

及其久也면 則天下之道術이 又隨其俗習之所尙하여 而日新日卑하여 如飛蓬之轉於風中이라 雖東聚西散하며 倏忽異態나 而終則墜於地而已라

CV167338

【훈음】 卑 낮을 비 轉 구를 전 聚 모일 취 倏 갑자기 숙 墜 떨어질 추

【어휘】 倏忽 : 갑자기.

及其A也 : A하게 되면

그런 〈상태가〉 오래되면, 천하의 도술道術은 또 습속習俗이 숭상하는 바를 따라서 날로 새로워지고 날로 비천해져서, 마치 날아다니는 마른 쑥이 바람을 따라 떠돌아다니는 것과 같다. 아무리 동쪽에서 모였다가 서쪽에서 흩어지기도 하고 갑자기 형태를 달리하기도 한다지만 결국에는 땅으로 추락할 뿐이다.

정전제 井田制

사방 9백묘畝의 농지를 1리里로 정하고 정자井字 모양으로 9등분 하여 중앙의 한 구역을 공전公田, 주위의 여덟 구역을 사전私田이라 하여 여덟 농가에 나누어 사유私有로 맡기고, 여덟 농가에 공동으로 공전을 경작케 하여 그 수확을 나라에 바치게 하였다.

31 一夜九渡河記 하룻밤에 아홉 번 강을 건너며

박지원朴趾源(1737~1805)

박지원은 조선 후기 대표적 실학파 문인이다. 이용후생의 실학을 강조하였으며, 자유기발한 문체를 구사하여 여러 편의 한문소설漢文小說을 발표하였다. 저서로 《열하일기熱河日記》 등이 있다. 이 글은 하룻밤 사이에 아홉 번 강을 건너며 느꼈던 감정을 적은 기행문이다.

31-1

今吾夜中渡河에 目不視危則危專於聽하여 而耳方惴惴焉하니 不勝其憂라 吾乃今知夫道矣로다 冥心者은 耳目不爲之累하고 信耳目者는 視聽彌審而彌爲之病焉이라

【훈음】 渡 건널 도　河 강 이름 하　惴 두려울 췌　冥 그윽할 명　累 묶을 루　彌(≒益) 더욱 미

【어휘】 惴惴 : 몹시 두려워하고 삼가하는 모양.
• 乃今 : 지금에서야. 비로소.
• 爲之 : 그것 때문에. 그것으로 인해.

오늘 나는 한밤중에 강을 건너느라〔渡河〕, 눈으로는 위태로움을 보지 못하니 위태로움이 청각에만 집중되어, 귀로 듣고서 비로소〔方〕 벌벌 떨려 그 두려움을 감당하지 못하였다.

나는 이제서야 도를 알겠다. 마음을 고요히 하는 사람은 귀와 눈 때문에 누가 되지 않고, 귀와 눈을 믿는 사람은 보고 듣는 것이 더 상세해질수록 그것 때문에 더 병통이 된다.

31-2

今吾控夫가 足爲*馬所*踐하여 則載之後車하고 遂縱鞚浮河에 攣膝聚足於鞍上하니 一墜則河也라 以*河爲*地하고 以河爲衣하고 以河爲身하고 以河爲性情하여 於是心判一墜하니 吾耳中엔 遂無河聲이오 凡九渡無虞하여 如坐臥起居於几席之上이라

【훈음】 控 당길 공　縱 풀어 놓을 종　鞚 재갈 공　攣 꼬부릴 련　鞍 안장 안　墜 떨어질 추
虞 근심 우　判 결정할 판

CV167339

【어휘】 控夫 : 말고삐를 당기는 마부.
• 於是 : 이로부터. 이렇게. 이때.

#62 爲A所B : A에게 B한 바가 되다

#15 以A爲B : A를 B라고 여기다

오늘 내 마부가 발을 말에 밟혀서 마부를 뒷수레에 태웠다. 〈때문에〉 결국 재갈을 느슨하게 풀어놓고 강물을 건너는데, 무릎을 오그려서 안장 위에 발을 모으니 〈말에서〉 한 번 떨어지기라도 한다면 바로 강물이었다.

〈그러나〉 강물을 땅이라 여기고 강물을 옷을 여기며, 강물로 몸을 삼고 강물로 몸뚱이를 삼고, 강물로 성정性情을 삼으리라 생각하고서 이로부터〔於是〕 마음속으로 한 번 떨어질 것을 각오했더니, 내 귀에는 마침내 강물 소리가 들리지 않았고, 모두 아홉 번이나 강을 건너는데 〈아무런〉 걱정이 없어, 마치 궤석 위에 앉거나 누워서 지내는 듯하였다.

32 記小池 작은 못에 대한 기록

이학규李學逵(1770~1835)

이학규는 조선 후기의 문인이다. 유배기간 중에 정약용丁若鏞과 시문을 주고받으면서 현실주의적인 문학세계를 구축하였고, 우리나라 역사와 지리, 풍속과 민생에 관심을 기울여 연찬을 통해 다량의 저술하였다. 이 글은 자신이 사는 집에 작은 못을 파고 시간의 변화에 따라 변하는 경치를 상세히 적고 있다.

32-1

啓小室西寮면 得胡瓜棚이라 縱數丈이오 高半之으로 爲遮返照烘人也라 外鑿小池한데 廣輪各三丈이라 繚以香蒲하고 被以浮萍이라 養鮦魚其中하여 爲供垂釣하여 取適也라

【훈음】 啓 열 개　寮 창문 료　棚 오두막 붕　縱 세로 종　遮 가릴 차　烘 그을릴 홍
鑿 뚫을 착　廣 동서 길이 광　輪 남북 길이 륜　繚 감길 료　蒲 부들 포
鮦 가물치 동　供 설치할 공　垂 드리울 수

【어휘】 返照 : 동쪽으로 비치는 석양.
• 廣輪 : 광廣은 동서, 륜輪은 남북.

작은 방의 서쪽 창을 열면 오이넝쿨 오두막이 있다. 길이는 몇 길이고 높이는 그 절반으로, 사람을 그을리는 석양을 가리기 위한 것이었다.

바깥쪽에 작은 연못을 팠는데, 동서와 남북의 길이가 각각 세 길이다. 부들로 둘레를 두르고 〈수면에는〉 부평초로 덮었다. 그 안에 가물치(鮦魚)를 길러 낚시를 드리우는 것을 갖추어서 쾌적함을 취하였다.

32-2

每斜日棲照하여 水風淸美이면 鼃黽之潛泳하고 蜻蜓之上下하며 草花之蘸影하고 礓礫之呈耀하니 凝神靜觀면 洵可樂也라

【훈음】 棲 깃들 서　鼃 개구리 와　黽 맹꽁이 맹　潛 잠길 잠　泳 헤엄칠 영　蜻 잠자리 청
蜓 잠자리 정　蘸 담글 잠　影 그림자 영　礓 자갈 강　礫 조약돌 력　耀 빛날 요

CV167340

凝 엉길 응 洵 참으로 순

【어휘】 蜻蜓 : 잠자리.

매번 석양이 물에 비추고 물 위의 바람이 맑고 아름다울 때면, 두꺼비와 맹꽁이는 헤엄치고 잠자리는 오르락내리락 날며, 풀과 꽃은 물속에 그림자를 담그고 조약돌은 〈반짝반짝〉 빛을 내었다. 정신을 모아 조용히 관찰하면 참으로 즐길만하다.

32-3

有翠鳥大小類練鵲하여 嘴類山啄木하니 兩翅作瓜皮色하고 夾脰爲蠟滓色하며 背毛純碧이라 時時掠水하여 取魚踰寸者하여 飛上瓜棚하여 恣食飽訖乃去하니 日爲常也라

【훈음】 翠 물총새 취 練 익힐 련 鵲 까치 작 嘴 부리 취 啄 쫄 탁 翅 날개 시 夾 낄 협 脰 목 두 蠟 밀 납 滓 찌꺼기 재 掠 노략질할 략 踰 넘을 유 訖 마칠 흘

【어휘】 翠鳥 : 물총새.
- 練鵲 : 때까치.
- 山啄木 : 딱따구리.
- 夾脰 : 목덜미.
- 蠟滓 : 밀납 찌꺼기. = 납사蠟渣.

물총새(翠鳥)는 크기는 때까치(練鵲)만하고 부리는 딱따구리만하다. 두 날갯죽지는 오이껍질 빛깔, 목덜미는 밀랍 찌꺼기(蠟滓)의 노란 빛깔, 등줄기 털은 새파랗다.

때때로 물을 스치고 날아서 한 치가 넘는 물고기를 잡아 오이 넝쿨 오두막으로 날아가 앉는다. 거기서 맘껏 실컷 배불리 먹고는 가버리니 〈이것이〉 일상이다.

33 蘭亭記 난정에서

왕희지王羲之(307~365)

왕희지는 중국 동진東晉의 서예가로, 중국 고금古今의 첫째가는 서성書聖으로 존경받는다. 해서와 행서, 초서를 예술적인 서체로 완성한 공적이 있다. 이 글은 왕희지가 회계 내사會稽內史로 재직 중이던 353년 늦봄, 회계의 난정蘭亭에서 열린 연회에 참석하여 사람들의 시집에 서문으로 쓴 글이다. 서경敍景과 서정抒情에서 매우 뛰어나다는 평을 받고 있다.

33-1

永和九年歲在癸丑暮春之初에 會于會稽山陰之蘭亭하니 修禊事也라 群賢畢至하고 少長咸集이라

【훈음】 暮 늦을 모　稽 머무를 계;산 이름　蘭 난초 난　禊 계제사 계　畢 다할 필　咸 다 함

【어휘】 蘭亭 : 중국 절강성浙江省 소흥紹興의 회계산會稽山에 있는 정자.
- 永和 : 진 목제晉穆帝의 연호.
- 會稽山 : 춘추전국시대 때 월왕越王 구천句踐이 난蘭을 심어 난저산蘭渚山으로 불렸다.
- 修禊 : 3월 3일, 흐르는 물에 몸을 씻어 액을 막고 복을 비는 풍속.

영화永和 9년 계축년(353) 3월 초에 회계산會稽山 북쪽〔陰〕 난정蘭亭에 모였는데, 계제사禊祭祀를 지내기 위함이다. 많은 현인들이 다 이르고 젊은이나 늙은이도 모두 모였다.

33-2

此地에 有崇山峻嶺과 茂林脩竹하고 又有淸流激湍하여 映帶左右어늘 引以爲流觴曲水하고 列坐其次하니 雖無絲竹管絃之盛이나 一觴一詠이 亦足以暢敍幽情이라

【훈음】 峻 높은 준　脩 길 수　激 물결 부딪쳐 흐를 격　湍 여울 단　映 비칠 영　觴 술잔 상　暢 펼 창　幽 그윽할 유

【어휘】 流觴曲水 : 굽이 쳐 흐르는 물길에 술잔을 띄우고 둘러앉아 술을 마시는 풍류.
- 絲竹管絃 : 사絲와 현絃은 거문고, 죽竹과 관管은 피리.

#35 足以A : A하기에 충분하다

CV167341

이곳에는 높은 산과 가파른 고개가 있고, 무성한 숲과 길게 자란 대나무가 있다. 또 맑은 시냇물과 격동치는 여울이 좌우를 둘러싸서 비추고 있었다. 이 〈물줄기를〉끌어들여 잔을 흘려보낼 수 있는 물굽이를 만들어 놓고 차례대로 열을 지어 앉으니, 비록 거문고와 피리의 성대함은 없으나, 술 한 잔, 시 한 수로도 그윽한 감정을 한껏 펴기에 충분하다.

33-3

是日也에 天朗氣淸하고 惠風和暢이라 仰觀宇宙之大하고 俯察品類之盛하니 所以遊目騁懷하여 足以極視聽之娛하니 信可樂也로다

【훈음】 俯 숙을 부 騁 달릴 빙 娛 즐길 오 信 진실로 신

【어휘】 惠風 : 화창하게 부는 봄바람.
• 遊目騁懷 : 두루 구경하며 회포를 풀다. 한껏 보고 가슴이 후련해지다.
• 所以 : 그래서.
• 騁懷 : 흉금을 털어놓다. 포부나 소신을 털어놓다.

이 날에 하늘은 깨끗하고 날씨는 맑아 봄바람이 따뜻하고 부드러웠다. 넓은 우주를 우러러 보고 풍성한 만물을 굽어 살필 수 있었다. 그래서〔所以〕 눈길 닿는 데마다 흉금을 털어놓는 것으로도 보고 듣는 즐거움이 충분하였으니, 참으로 즐길 만하였다.

33-4

夫人之相與하여 俯仰一世에 或取諸懷抱하여 悟言一室之內하고 或因寄所託하여 放浪形骸之外하나니 雖趣舍萬殊하고 靜躁不同이나 當其欣於所遇하여 暫得於己하여는 快然自得하여 曾不知老之將至라가 及其所之旣倦하여 情隨事遷하여는 感慨係之矣라

【훈음】 抱 안을 포 悟 깨달을 오 託 부탁할 탁 骸 뼈 해 趣 나아갈 취 舍 머무를 사
殊 다를 수 暫 잠시 잠 隨 따를 수 遷 옮길 천 慨 분개할 개

【어휘】 俯仰 : 세속의 흐름에 적당히 따름.
• 悟言 : 마주 대하여 이야기하다. 대담對談하다.
• 形骸 : 사람의 몸.
• 趣舍 : 나아가고 머무름.
• 情隨事遷 : 형세에 따라 인정이 변하다. 환경의 변화에 따라 감정도 변하다.

當其A(也) : A했을 때   ## 及其A(也) : A에 미쳐서는

'當其A(也)'는 'A 때를 당하여' 또는 'A했을 때'로 주로 과거에 쓰이는데, '當A之時'의 형태가 더 일반적이다. 반면 '及其A(也)'는 'A 때에 미쳐서는' 또는 'A하게 되면'으로 풀이하여 주로 미래나 가정에 쓰였다.(例 30:2, 33:4)

참고로 A 없이 '及其也'로만 쓰이면 '결국, 끝내, 마침내'로 풀이한다.

사람이 서로 더불어 한 세상을 순응하며 살아가면서, 어떤 사람은 마음에 품은 생각을 가져다 〈벗들과〉 한 방 안에서 기쁘게 이야기하고, 어떤 사람은 〈자신이〉 의탁할 곳에 〈마음을〉 내맡기고 몸 밖에서 노닐게 한다.

비록 나아가고 물러나는 것이 만 가지로 다르고 고요함과 성급함이 서로 다르지만, 자신이 처한 것에 기뻐하며 잠시나마 자기의 뜻을 얻어서는 유쾌하게 스스로 만족하여 일찍이 늙음이 이르는 것조차 모른다. 〈그러나 마음이〉 마침내〔及其〕 권태로워 자신의 감정을 따라 일이 변하게 되면 감회가 거기에 매이게 된다.

33-5

向之所欣이 俛仰之間에 已爲陳迹하고 尤不能不以之興懷로다 況脩短隨化하여 終期於盡이라 古人云 死生亦大矣라하니 豈不痛哉아

【훈음】 興 흥할 흥　盡 다할 진　痛 아플 통

【어휘】 脩短(=壽短) : 장수와 단명.

已A 尤B 況C : 이미 A하고 또 B하고 게다가 C하다

상태의 강조를 위하여 점층법을 사용한 패턴인데, '況'을 '게다가/더구나'로 풀이한 점과 반어형이 아닌 점에 유의할 필요가 있다.(解 ☞ 2:2)

豈不A哉 : 어찌 A하지 않겠는가?

• 尤不能不以之興懷 : 尤(1)不(8)能(7)不(6)以(3)之(2)興(5)懷(4)

이전의 즐거웠던 일이 잠깐 사이에 이미〔已〕 옛일이 되었고, 더욱〔尤〕 그것 때문에 감회가 일어나지 않을 수 없다. 게다가〔況〕 장수와 단명이 자연의 조화에 따라 결국 죽음을 기약한다. 옛 사람이 이르길 "죽고 사는 것도 큰일이다."라고 하였으니, 어찌 애통하지 않겠는가.

34 永州新堂記 영주에 새로 당을 짓고

유종원柳宗元(773~819)

> 유종원은 유·불·도儒佛道를 참작하고 신비주의를 배격한 중당의 문인이다. 자구字句의 완숙미와 표현의 간결·정채함은 특히 뛰어났다. 이 글은 위공韋公이 영주성永州城 안에서 황폐한 산수를 다듬고 정리하여 본연의 아름다움이 드러나게 하고 건물을 지어 유종원에게 부탁한 글이다.

34-1

永州는 實惟九疑之麓이니 其始度土者가 環山爲城이라 有石焉翳于奧草하고 有泉焉伏于土塗라 蛇虺之所蟠이며 狸鼠之所游요 茂樹惡木과 嘉葩毒卉가 亂雜而爭植하여 號爲穢墟라

【훈음】 麓 산기슭 록 度 헤아릴 탁 翳 가릴 예 伏 숨을 복 塗 질흙 도 虺 살무사 훼
蟠 웅크릴 반 狸 삵 리 葩 꽃 파 卉 풀 훼 穢 더러울 예

【어휘】 九疑 : 중국 호남성湖南省 영원현寧遠縣 남쪽에 있는 산. 순舜 임금을 이곳에 장사지냈다고 한다. 구봉九峯이 서로 비슷하여 구별하기 어려워 헤아리기 어려운 사람의 마음을 비유하기도 한다.
• 穢墟 : 황무지. 초목이 무성한 폐허.

#1 A惟B : A는 B이다

'惟'를 어조사로 보기도 한다.

영주永州는 사실 구의산九疑山 기슭에 있는데, 처음에 지세를 살펴본 사람이 산을 빙 둘러 성을 쌓았다. 그곳에〔焉〕 바위가 우거진 풀 속에 가려져 있고 그곳에 샘이 진흙 속에 숨겨져 있었다. 뱀들이 웅크린 곳이었고 삵과 들쥐가 뛰노는 곳이었으며, 좋은 나무와 나쁜 나무, 아름다운 꽃과 독초가 어지럽게 뒤섞여 자라서 황무지로 불리는 곳이었다.

34-2

韋公之來旣逾月에 理甚無事할새 望其地且異之하여 始命芟其蕪하고 行其塗하니 積之丘如하고 蠲之瀏如라 旣焚旣釃하니 奇勢

CV167342

迭出하고 淸濁辨質하고 美惡異位라

【훈음】 芟 벨 삼　蕪 무성할 무　蠲 맑을 견　瀏 맑을 류　焚 태울 분　醨 맑은 술 리
勢 형세 세　迭 갈마들 질　濁 흐릴 탁

【어휘】 異位 : 위치가 다름. 자리가 나뉘어짐.

A且B : A하면서 B하다

A와 B가 동시에 일어난 상황인 경우에 사용된 패턴이다. '且A 且B'의 형태와 같다.

A如 : A처럼

'如'는 어조사로 'A如(例 4:1 34:2), A然(例 34:3 35:1 36:2 39:2), A乎(例 15:2 36:2 41:3), A也, A而(例 42:3), A焉(例 37:2)' 등의 다양한 형태가 있으며, 내용에 'A하게, A한 듯, A처럼' 또는 'A한 모양'으로 적절하게 풀이한다.

위공韋公(미상未詳)이 〈이곳에〉 부임한 지 한 달이 넘어 공무에 별 일이 없자, 이곳 땅을 바라보면서 특이하게 여겼다. 〈그리하여〉 비로소 명을 내려 잡초를 베어내고 진흙을 긁어내니 언덕만큼 쌓이고 흙탕물은 맑아졌다.

이미 〈잡초를〉 태우고 이미 샘물을 흐르게 하자 기이한 모습이 번갈아 나타나고, 맑고 혼탁한 본질이 분명해지고 아름답고 추악한 곳이 자리가 나뉘어졌다.

34-3

視其植하면 則淸秀敷舒하고 視其蓄하면 則溶漾紆餘라 怪石森然하여 周于四隅하니 或列或跪하고 或立或仆라 竅穴逶邃하고 堆阜突怒라

【훈음】 敷 펼 부　舒 펼 서　蓄 쌓을 축　溶 조용히 물 흐를 용　漾 출렁일 양　紆 굽을 우
餘 남을 여　跪 꿇어앉을 궤　竅 구멍 규　逶 구불구불 위　邃 깊을 수　堆 언덕 퇴
阜 언덕 부　突 갑자기 돌　怒 성낼 노

【어휘】 溶漾 : 물결이 출렁대다.
• 紆餘 : 구불구불하게 에도는 모양. 재기才氣가 있고 여유로운 모양.

나무를 살펴보면 수려하여 가지가 쭉쭉 뻗었고, 고인물을 살펴보면 넘실대는 것이 여유로웠다. 괴석들이 빽빽이 사방에 둘러섰는데, 어떤 것들은 줄을 서고 어떤 것들은 무릎을 꿇고, 어떤 것들은 서있고 어떤 것들은 엎드린 것처럼 보였다. 동굴은 구불구불 깊고 언덕은

높이 솟아 있었다.

34-4
乃作棟宇하여 以爲觀游하니 凡其物類가 無不合形輔勢하여 效伎於堂廡之下하고 外之連山高原이 林麓之崖에 間厠隱顯이라 邇延野綠하고 遠混天碧하여 咸會於譙門之內하니라

【훈음】 效 바칠 효 伎 재주 기 廡 집 무 厠 곁 측 隱 숨을 은 顯 드러날 현 延 이끌 연 混 섞을 혼 譙 성문 위의 망루 초

【어휘】 效伎 : 재주나 기예를 보여주다.
• 間厠 : 끼어들다. 참여하다. 또는 뒤섞이다.
• 譙門 : 성문 위에 세운 망루望樓의 문.

#37 無不A : A 아닌 것이 없다 / 모두 A하다

바로〔乃〕 건물을 지어 유람遊覽을 위한 장소로 삼으니, 대개 사물들이 모두〔無不〕 지형과 잘 어우러져 처마 아래에서 〈장식은〉 재주를 뽐내고, 건물 밖으로 이어진 산봉우리와 높은 언덕, 수목으로 덮인 산자락이 서로 섞이어 숨었다 보였다 하였다. 가깝게는 푸른 들판과 이어지고 멀게는 푸른 하늘과 뒤섞이어 모든 경관이 성문 안으로 모여 들었다.

유종원柳宗元, 만고제회도상

35 醉翁亭記 취옹정에 대하여

구양수歐陽脩(1007~1072)

구양수는 중국 송나라의 정치가 겸 문인으로 태자소사太子少師를 지냈다. 송나라 초기의 미문조美文調 시문인 서곤체西崑體를 개혁하고, 당나라의 한유를 모범으로 하는 시문을 지었다. 당송8대가唐宋八大家의 한 사람으로, 저서로 《구양문충공집歐陽文忠公集》 등이 있다. 이 글은 저주滁州 일대의 아침저녁 사계절의 자연경관이 서로 다른 아름다움과 백성들의 평화로운 생활을 적었다.

35-1

環滁는 皆山也라 其西南諸峰이 林壑尤美하여 望之蔚然而深秀者는 瑯琊也요 山行六七里에 漸聞水聲潺潺而瀉出于兩峰之間者는 釀泉也요 峰回路轉에 有亭翼然하여 臨于泉上者는 醉翁亭也라

【훈음】 環 돌 환 滁 강 이름 저 蔚 무성할 울 瑯 땅 이름 랑 琊 땅 이름 야
潺 물 흐르는 소리 잔 瀉 쏟을 사 釀 빚을 양 轉 구를 전 臨 임할 임 醉 취할 취

【어휘】 滁 : 저주滁州. 중국 안휘성의 지명.
• 瑯琊 : 중국 산동성 제성현의 산 이름.
• 潺潺 : 물이 흐르는 모양.

저주滁州를 두르고 있는 것은 모두 산이다. 그 서남쪽 여러 봉우리들은 숲과 골짜기가 특히 아름다워, 바라보면 울창하여 깊고 빼어난 것이 낭야산瑯琊山이요, 산길로 6,7리쯤 가면 점점 졸졸 흐르는 물소리가 들리다가 두 봉우리 사이로 쏟아져 나오는 것이 양천釀泉이요, 봉우리를 돌며 길이 돌아가며 난 곳에, 날아오를 듯한 정자가 샘가에 맞닿아 있는 것이 취옹정醉翁亭이다.

35-2

作亭者誰오 山之僧智僊也요 名之者誰오 太守自謂也라 太守與客으로 來飮于此할새 飮少輒醉하고 而年又最高라 故로 自號

曰 醉翁也라하니 醉翁之意는 不在酒하고 在乎山水之間也니 山水之樂을 得之心而寓之酒也라

【훈음】 僊 신선 선 謂 이름지을 위 醉 취할 취

A輒B : A하기만 하면 B하다 (解 ☞ 12:1)

이 정자를 지은 사람은 누구인가? 산승山僧인 지선智僊이다. 이름을 지은 사람은 누구인가? 태수 자신이 이름지은 것이다.

태수가 나그네와 함께 이곳에 와서 술을 마실 적에, 조금만 마셔도 번번이 취하였고 나이도 가장 많았던 까닭에 스스로 말하기를 '취옹醉翁'이라고 하였다. 취옹의 뜻은 술에 있지 않고 산수山水 사이에 있었는데, 산수의 즐거움을 마음에 얻어 술에 붙인 것이었다.

구양수歐陽修, 만고제회도상

36 木假山記 목가산에 대한 기록

소순蘇洵(1009~1066)

> 소순은 중국 북송北宋시대의 문인이다. 날카로운 논법論法과 정열적인 필치에 의한 평론이 구양수歐陽脩의 인정을 받아 유명해졌다. 아들 소식蘇軾·소철蘇轍과 함께 삼소三蘇라 불리어졌다. 저서로 《가우집嘉祐集》 등이 있다. 이 글에는 나무가 자라는 과정의 험난함을 묘사하며 목가산木假山이 만들어지기까지를 기술하였다.

36-1

予家에 有三峰하니 予每思之하면 則疑其有數存乎其間이라 且其蘖而不殤하고 拱而不夭하며 任爲棟樑而不伐하고 風拔水漂而不破折不腐하며 不破折不腐而不爲人所材以及於斧斤하고 出於湍沙之間而不爲樵夫野人之所薪라야 而後에 得至乎此하니 則其理似不偶然也라

【훈음】 疑 의심할 의 蘖 그루터기 싹 얼 殤 일찍 죽을 상 拱 한아름 공 任 견딜 임
棟 기둥 동 樑 들보 량 拔 뽑을 발 破 깨뜨릴 파 折 쪼갤 절 腐 썩을 부 湍 여울 단
樵 땔 나무 초 薪 섶나무 신

A而後B : A한 뒤에 B하다　　## 似A : 아마도 A한 듯하다

내 집에는 세 봉우리 〈모양의 물건이〉 있는데, 내가 그것에 대하여 생각할 때마다 거기에는 어떤 운수가 있다고 의심하였다.

게다가 움이 틔울 만큼 자라서도 죽지 않고, 한 아름 만큼 자라서도 일찍 죽지 않고, 기둥이나 들보를 감당(任)할 만큼 자라서 벌목되지 않고, 바람에 뽑히거나 물에 떠내려가서 부서지고 꺾어지지 않으며 썩지도 않고, 부서지고 꺾어지지 않으며 썩지도 않아도 사람에게 재목으로 여겨져 도끼질 당하는 경우에도 이르지 않고, 여울과 모래 사이에 드러나도 나무꾼이나 시골 사람의 땔감이 되지 않은 뒤에야 여기까지 이를 수 있었으니, 그 이치가 우연은 아닌 것 같다.

CV167344

36-2
然이나 予之愛之는 則非徒愛其似山이라 而又有所感焉이요 非徒感之라 而又有所敬焉이로라 予見中峰이 魁岸踞肆하고 意氣端重하여 若有以服其旁之二峰이요 二峰者 莊栗刻削하여 凜乎不可犯하니 雖其勢服於中峰이나 而岌然決無阿附意하니 吁라 其可敬也夫인저 其可以有所感也夫인저

【훈음】魁 으뜸 괴 岸 언덕 안 踞 웅크릴 거 旁 곁 방 莊 무성할 장 栗(≒慄) 전율할 율
削 깎을 삭 凜 두려울 름 岌 높을 급 阿 언덕 아 吁 탄식할 우

【어휘】魁岸 : 우뚝하다. 빼어나고 비범하다.
- 踞肆 : 산세가 웅장하고 호방한 모양.
- 莊栗(=莊慄) : 장중함. 장엄함.
- 刻削 : 산이 깎아지른 듯이 빼어난 모양.

#7 非徒A 而又B : 단지 A일 뿐 아니다. 또 B이다

한정이나 반어의 패턴 뒤에 허사 '而又, 又, 亦' 등이 사용되어 내용이나 의미가 확장된 패턴이다. 유사한 형태로는 '非唯A 猶亦B, 豈徒A 又B' 등이 있다.

有以A : A할 것이 있다 (解 ☞ 21:2)

A乎 : A하게 (解 ☞ 34:2)

其A也夫 : 참으로/분명 A로구나

그러나 내가 그것을 사랑하는 것이 단지 산을 닮아서 사랑하는 것이 아니라 또한 감회가 있어서이며, 단지 그것을 감회가 있어서가 아니라 또한 공경할 바가 있어서이다.

내가 보건데 가운데 봉우리는 우뚝하게 솟아서 뜻과 기운이 단정하고 엄중하여, 마치 그 곁의 두 봉우리를 복종시키는 면이 있는 듯하고, 두 봉우리는 씩씩하고 뾰쪽하여 범할 수 없을 만큼 늠름하여, 비록 그 형세가 가운데 봉우리에 복종하고는 있으나 우뚝하니 결코 아부하는 뜻은 없으니, 아! 참으로 공경할 만하구나. 참으로 감회할 면이 있을 만하구나.

37 獨樂園記 독락원에 대한 기록

사마광司馬光(1019~1086)

사마광은 중국 북송北宋의 정치가·역사가이다. 신종이 왕안석을 발탁하여 신법을 단행하게 하자 이에 반대해 사퇴하였다. 《자치통감資治通鑑》을 완성하였다. 이 글은 사마광이 벼슬을 버리고 낙향해 우수迂叟라 자호하고 독락원獨樂園을 짓고 은거하면서 지었는데, 전원생활의 즐거움을 간결하게 표현한 것이다.

37-1

迂叟가 平日讀書호되 上師聖人하고 下友群賢하여 窺仁義之原하고 探禮樂之緖하여 自未始有形之前으로 暨四達無窮之外히 事物之理가 擧集目前하여 可者學之하되 未至夫可하니 何求於人이며 何待於外哉리오

【훈음】 迂 멀 우 叟 늙은이 수 窺 엿볼 규 暨 미칠 기 擧 모두 거

#27 自A暨B : A부터 B까지

우수迂叟가 평소 책을 읽되, 위로는 성인聖人을 스승으로 삼고 아래로는 여러 현인賢人을 벗으로 삼아 인의仁義의 근원을 엿보고 예악禮樂의 실마리를 더듬어서, 일찍이 형체가 있기 전에서부터 사방으로 통달하여 무궁한 너머에 이르기까지, 사물의 이치가 모두 눈앞에 모여 가능한 것을 배우되 아직은 가능하지 못하였으니, 〈이것이〉 어떻게 남에게서 〈배우기를〉 구할 것이며, 어떻게 밖에서 〈배우기를〉 기대하겠는가?

37-2

志倦體疲하면 則投竿取魚하고 執衽采藥하며 決渠灌花하고 操斧剖竹하며 濯熱盥水하고 臨高縱目하여 逍遙徜徉하여 惟意所適하니 明月이 時至하고 淸風이 自來라 行無所牽하고 止無所抳하여 耳目肺腸을 卷爲己有하여 踽踽焉洋洋焉하니 不知天壤之間에 復有何

CV167345

樂이 可以代此也로다 因合而命之 曰獨樂이라하노라

[훈음] 疲 지칠 피 竿 낚싯대 간 執 잡아 맬 집 衽 옷깃 임 茱(≒採) 캘 채 決 터질 결
渠 도랑 거 灌 물댈 관 操 잡을 조 斧 도끼 부 剖 쪼갤 부 濯 씻을 탁
盥 세수할 관 縱 맘대로 할 종 逍 거닐 소 遙 멀 요 徜 노닐 상 徉 노닐 양
抳 멈추게 할 니 肺 허파 폐 踽 홀로갈 우 壤 땅 양

[어휘] 縱目 : 눈을 맘대로 놀려 눈 닿는데 까지 보다.
- 徜徉 : 이리저리 거닐다.
- 踽踽 : 홀로 걷는 모양.
- 洋洋 : 거리낌 없는 모양.

A焉 : A하게

'焉'은 본래 어조사로 '語氣'의 멈춤을 나타내므로 본래 굳이 번역하지 않아도 되나 직해를 익히는 경우에는 위와 같이 'A하게'로 풀이하는 것이 좋다.

의지가 나태해지고 몸이 피곤하면, 낚싯대를 던져 고기를 잡고 소매를 묶고 약을 캐며, 개천을 틔워 꽃에 물을 주고 도끼를 쥐고 대나무를 쪼개며, 더위를 씻어 물로 세수하고 높은 곳에 도달하여 마음대로 보고 싶은 것을 보아서, 소요하고 거닐며 뜻에 맞는 대로 하니, 명월이 때로 이르고 청풍이 저절로 불어온다.

가도 이끄는 것이 없고 멈추어도 저지하는 것이 없어서 귀와 눈과 폐와 장을 거두어 자기의 소유로 삼아, 외로이 끝없이 넓으니 천지의 사이에 다시 어떠한 즐거움이 이를 대신할 수 있을지 모르겠다. 이러한 까닭에 합쳐서 명명하기를, '독락獨樂'이라고 하였다.

사마광司馬光, 만고제회도상

38 喜雨亭記 희우정에 대한 기록

소식蘇軾(1037~1101)

> 소식蘇軾은 중국 북송北宋의 문신이다. 아버지 소순蘇洵, 동생 소철蘇轍과 함께 3소三蘇라 불리며, 같이 당송팔대가의 한 사람이다. 작품으로 〈적벽부赤壁賦〉 등이 있다. 이 글은 정자의 이름에 '우雨' 자가 들어간 이유와 비올때의 즐거움을 기록하였다.

38-1

亭以雨名은 志喜也라 古者에 有喜면 則以名物하니 示不忘也라 周公得禾하여 以名其書하시고 漢武得鼎하여 以名其年하고 叔孫勝狄하여 以名其子하니 其喜之大小不齊나 其示不忘은 一也라

【훈음】 志(≒記) 기록할 지　鼎 솥 정

【어휘】 周公得禾 : 주周나라 성왕成王이 아우 당숙唐叔이 구한 벼를 주공周公에게 전하고 주공이 이것을 받아 〈가화嘉禾〉를 쓴 일.
- 漢武得鼎 : 한漢나라 무제武帝가 분수汾水에서 보정寶鼎을 얻은 일.
- 叔孫勝狄 : 노魯나라 문공文公이 숙손득신叔孫得臣을 내보내 수만鄋瞞을 막게 한 일.

정자亭子에 '우雨'자를 이름으로 한 것은 기쁜 일을 기록하기 위해서다. 옛날에는 기쁜 일이 있으면 그것으로 물건의 이름을 지었으니, 잊지 않으려는 〈뜻을〉 나타낸 것이다.

주공周公은 벼를 얻고는 그것으로 책의 이름을 지었고, 한 무제漢武帝는 보정寶鼎을 얻고는 그것으로 연호年號를 지었으며, 숙손득신叔孫得臣은 오랑캐를 이기고는 〈오랑캐의〉 이름으로 아들의 이름을 지었으니, 그 기쁨의 크기(大小)는 같지 않지만 잊지 않으려는 뜻을 나타낸 것은 매한가지이다.

38-2

余至扶風之明年에 始治官舍하여 爲亭於堂之北하고 而鑿池其南하고 引流種樹하여 以爲休息之所라

【훈음】 鑿 뚫을 착　池 못 지　引 당길 인　流 흐를 류　種 심을 종　樹 나무 수

【어휘】 扶風 : 섬서성陝西省 함양咸陽 동쪽의 지명.

CV167346

내가 부풍扶風에 부임한[至] 다음 해, 처음으로 관사를 수리하여 동헌의 북쪽에 정자를 짓고 남쪽에 못을 파고는, 물줄기 끌어오고 나무를 심어 휴식하는 장소로 삼았었다.

38-3

是歲之春에 雨麥於岐山之陽하니 其占이 爲有年이라 旣而요 彌月不雨하여 民方以爲憂러니 越三月乙卯에 乃雨하고 甲子에 又雨호되 民以爲未足이러니 丁卯에 大雨하여 三日乃止라 官吏는 相與慶於庭하고 商賈(고)는 相與歌於市하고 農夫는 相與抃於野하여 憂者以樂하고 病者以愈어늘 而吾亭이 適成하니라

【훈음】 岐 갈림길 기; 지명 彌 가득할 미 越 넘을 월 以 때문 이 愈 나을 유 適 마침 적

【어휘】 岐山 : 섬서성陝西省에 있는 현縣의 이름.
- 有年 : 풍년豐年. 또는 풍년이 들다.
- 旣而 : 이윽고. 머지 않아.

이해 봄, 기산岐山의 남쪽[陽] 보리에 단비가 내리니 그 점괘가 풍년이었다. 이윽고 한 달이 다되도록 비가 오지 않아서 백성들이 한창 그 일을 걱정하고 있었다. 그러다가 석 달이 지난 을묘일에 마침내[乃] 비가 왔고 갑자일에 다시 비가 내렸지만, 백성들은 여전히 부족하게 여겼었는데, 정묘일에 큰비가 내려 3일 만에 그쳤다.

관리들은 뜰에서 경하하고 장사꾼들은 시장에서 서로 노래를 불렀으며 농부들은 들에서 서로 손뼉을 쳐서, 근심하던 자들이 비 때문에 즐거워하고 병든 자들이 비 때문에 병이 나았는데, 내 정자가 〈이때〉 마침 완성되었다.

주공득화 周公得禾

주周나라 성왕成王이 아우 당숙唐叔이 구한 벼를 주공周公에게 전하고 주공이 이것을 받아 〈가화嘉禾〉를 썼다고 하는데, 〈가화〉라는 저작물은 산실되었고 그 이야기만 《상서尙書》에 전한다.

한무득정 漢武得鼎

《한서漢書》 〈무제기武帝記〉에 원정元鼎 원년(B.C.116) 5월, "분수汾水에서 보정寶鼎을 얻고 나

서 연호를 원정元鼎으로 바꿨다."고 하였다. 《통감고이通鑒考異》에서는 보정을 얻은 것이 원정 4년의 일이라고 하면서 원정이라는 연호를 나중에 바꾼 것이라고 하였다.

숙손승적 叔孫勝狄

노魯나라 문공文公 11년 북쪽에 있던 수만국鄋瞞國이 국경을 넘어 들어오자 문공이 숙손득신叔孫得臣을 내보내 적을 막게 하였는데, 숙손이 수만국의 왕 교여僑如를 죽이고 싸움에서 승리하였다. 숙손은 이 일을 잊지 않기 위해 아들의 이름을 교여僑如라고 지었다.

39 記夢 꿈꾸고 나서

야마나시 토오센山梨稻川(1771~1826)

야마나시 토오센은 일본의 강호후기江戶後期 음운학자音韻學者이다. 중국 음운학을 연구하여 〈설문위說文緯〉 등을 지었다. 이 글은 큰 규모의 사찰이 주지의 죽음으로 무너진 뒤의 이야기를 적었다.

39-1

關東一巨剎에 住持僧美而黠하여 經營伽藍하여 輪奐異常이러니 後然事自投繯而死하여 其寺尋毁折이라 所愛一老僕이 已失主而伶俜孤苦하고 歸于鄕하여 依其姪이러니

【훈음】 黠 영리할 힐 伽 절 가 藍 쪽 람 奐 빛날 환 繯 맬 현 尋 머지않을 심
伶 영리할 영 俜 비틀거릴 빙 姪 조카 질

【어휘】 關東 : 일본 혼슈本州 간토 평야 주요부를 차지하는 지방. 1도都 6현縣의 총칭으로 도쿄도東京都와 사이타마, 지바, 이바라키, 도치기, 군마, 가나가와 현을 일컫는다.
- 經營 : 짓다. 만들다.
- 伽藍 : 절. 사찰.
- 輪奐 : '輪焉奐焉'의 준말. 건물이 웅장하고 많은 모양.
- 異常 : 보통과 다름. 예사롭지 않음.
- 伶俜 : 쓸쓸하고 외로운 모양.

관동의 한 큰 사찰의 주지승住持僧은 잘 생기고 영리하였는데, 절을 짓는 데에도 건물이 장대하고 화려하여 평범치 않았다. 뒤에 어떤 일에 연좌되어 목을 매고 죽자, 그 절은 머지않아(尋) 헐리고 무너졌다. 〈그러자, 주지가 생전에〉 아꼈던 한 늙은 종은 주인을 잃고 나서 쓸쓸하고 외롭게 고향으로 돌아가서 조카에게 의지하고 지냈다.

39-2

一夕에 有隣人來呼者하여 僕出戶從之라 其人曰 第隨我去라 行若踏煙霧하여 俄至一曠野에 廣漠而無涯際하니 有大火聚하여 烱

CV167347

然熾上하여 其光徹天하니라

【훈음】 俄 갑자기 아　曠 밝을 광　涯 물가 애　際 즈음 제　炯 밝을 형　徹 통할 철

【어휘】 煙霧 : 연기와 안개.
- 炯然 : 아주 분명한 모양.
- 廣漠 : 아득하고 광활한 모양.

어느 날 저녁 이웃이 찾아와 부르는 자가 있어 종이 문을 나서 그를 따라갔다. 그 사람은 말하기를, “그저〔第〕 나를 따라 오시오!”라고 하였다.

길이 마치 안개를 밟고 가는 것 같았다. 잠시 후에 하나의 넓은 들에 이르자, 아득하고 광활하여 끝이 없었는데, 거기에 큰 불덩이가 있어 환히 타올라 그 빛이 하늘에 닿고 있었다.

VII. 잠명류(箴銘類)

잠箴이라는 글자는 침鍼· 침針이라는 글자와 같은 것으로 병을 다스릴 때 쓰는 침이나, 바느질할 때 쓰는 바늘과 같은 것이다. 즉 자극을 주어서 마음이나 행동의 戒로 삼도록 쓰여진 글이다.

명銘은 원래 기물器物에 많이 새겨졌다. 특히 일상적인 생활도구가 아닌 보기寶器에 종종 새겨졌다.

종류로는 잠箴· 명銘· 계戒· 훈訓· 규規 등이 있다.

40 愛惡箴幷序 사랑과 미움에 대한 잠언, 서문과 함께

이달충李達衷(?~1385)

> 이달충은 고려후기의 문신이다. 시문에 능했을 뿐만 아니라, 역사에도 밝아 이제현李齊賢, 백문보白文寶와 함께 《국사國史》의 보완에 참여하였다. 이 글은 문답의 형식을 빌려 자신에 대한 세인世人의 평가는 결국 자신에게 달려 있다는 것을 주장하고 있다.

40-1

有非子造無是翁하여 曰日有群議人物者한데 人有人翁者라하고 人有不人翁者하니 翁何或人於人하고 或不人於人乎아 翁聞而解之하여 曰

【훈음】 箴 경계할 잠　造 다다를 조　翁 늙은이 옹　群 무리 군　議 의논할 의　人 사람다울 인

유비자有非子가 무시옹無是翁에게 찾아가서 이르기를, "일전에 여럿이 모여서 인물에 대하여 논하였는데, 사람 중에 옹翁을 사람답다고 하는 자가 있고, 사람 중에 옹을 사람답지 않다고 하는 자가 있었으니, 옹은 어찌하여 어떤 때에는 남에게 사람대접을 받기도, 어떤 때에는 남에게 사람대접을 받지 못하기도 하시는지요?"라고 하였다.

무시옹이 듣고는 〈질문에 해명하여 다음과 같이〉 말하였다.

40-2

人人吾吾不喜하고 人不人吾吾不懼라 不如其人人吾而其不人不人吾라

• 이 글에서 '人'은 '사람, 사람답다, 사람답다고 하다'의 다양한 의미로 풀이됨에 유의할 필요가 있다.

"남이 나를 사람답다고 해도 나는 기쁘지 않고, 남이 나를 사람답지 않다고 해도 나는 두렵지 않다. 올바른 사람이 나를 사람답다고 하고, 올바르지 않은 사람이 나를 사람답지 않다고 하는 것만 못해서이다.

CV167348

40-3
吾且未知人吾之人何人也며 不人吾之人何人也라 人而人吾則可喜也오 不人而不人吾則亦可喜也며 人而不人吾則可懼也오 不人而人吾則亦可懼也라

나는 또 나를 사람답다고 하는 사람이 어떤 사람이며, 나를 사람답지 않다고 하는 사람이 어떤 사람인지 모르겠다. 사람다운 사람이 나를 사람답다고 하면 나는 기쁘고, 사람답지 않은 사람이 나를 사람답지 않다고 하면 나는 참으로(亦) 기쁘며, 사람다운 사람이 나를 사람답지 않다고 하면 나는 두렵고, 사람답지 않은 사람이 나를 사람답다고 하면 참으로(亦) 두렵다.

40-4
喜與懼 當審其人吾不人吾之人之人不人如何耳라 故曰惟仁人이라야 爲能愛人하고 能惡人하니 其人吾之人仁人乎아 不人吾之人仁人乎아하고 有非子笑而退라

【훈음】當 부응할 당　審 구별할 심

〈그러므로 내가〉 기뻐하고 두려워하는 것은 '나를 사람답다고 하고 나를 사람답지 않다고 하는 사람이 사람다운지 사람답지 못한가'의 상태(如何)를 구별함에 부응할 뿐이다. 그러므로 오직 인仁한 사람이어야 능히 사람을 사랑할 수 있으며, 능히 사람을 미워할 수 있으니, 나를 사람답다고 한 사람이 어진 사람인가? 나를 사람답지 않다고 한 사람이 어진 사람인가?" 하고는 유비자有非子가 웃으면서 물러갔다.

40-5
無是翁 因作箴以自警라 箴曰

子都之姣를 疇不爲美하며

易(역)牙所調를 疇不爲旨리오

好惡紛然하니 盍求諸(저)己리오

【훈음】姣 아름다울 교　疇(≒誰) 누구 주　調 음식 간 맞출 조　紛 어지러울 분
盍(≒何不) 어찌 아니할 합　諸(≒之於) 어조사 저

【어휘】 子都 : 춘추시대 정鄭나라의 미남자.
 • 易牙 : 춘추시대 제齊나라의 뛰어난 요리사.

#3 A諸B : B를 A하다

무시옹無是翁이 이로 인하여 잠箴을 지어서 자신을 일깨웠다. 잠에 말하였다.

"자도子都의 어여쁜 것이야 누가 아름답다 아니하며,

역아易牙의 음식 만든 것이야 누가 맛있다 아니하랴.

좋아함과 미워하는 것이 어지러우니, 어찌 자기를 반성하지 아니하랴."

41 自儆箴 자신을 경계하는 글

이색李穡(1328~1396)

> 이색은 고려 말의 문신·학자이다. 삼은三隱의 한 사람으로 성리학 발전에 공헌하였다. 조선 태조가 한산백韓山伯에 책봉했으나 사양하였다. 이 글은 이색이 50이 되던 해에 자신을 반성하며 지은 것이다.

41-1

五十歲秋九月初吉에 **作自儆箴**하여 **朝夕觀之**하고 **庶以自勉**이라

【훈음】 儆 경계할 **경** 箴 문체 이름 **잠** 庶 바랄 **서** 勉 힘쓸 **면**

【어휘】 初吉 : 음력 매월 초하룻날. 일설에 초하룻날부터 상현上弦이 되는 8일까지를 이른다고 한다.

50세 되던 가을 9월 초하루에 〈자경잠自儆箴〉을 지어서, 아침저녁으로 보고서 스스로 힘쓰려 한다.

41-2

若近焉而遠之하고 **若得焉而失之**라

遠矣而時近也며 **失矣而時得也**라

〈스스로의 경계하는 것이란〉 가까운 듯하다 멀어지고, 얻은 듯하다 잃어버리네.
멀리 있다가 때로는 가까워지고, 잃었다가 때로는 얻게도 하네.

41-3

茫乎無所措也오 **赫乎如有覿也**라

赫乎或昧焉이오 **茫乎或灼焉**이오

【훈음】 茫 아득할 **망** 措 둘 **조** 赫 빛날 **혁** 覿 볼 **적** 昧 어두울 **매** 灼 뚜렷할 **작**

A乎 : A하게 / A하구나

아득하게 잡을 곳 없다가도, 환하게도 〈눈앞에〉 보이는 듯.
환하다가도 혹 어두워지고, 어두웠다 혹 뚜렷해지네.

CV167349

41-4

획
將畫也不忍焉이요 將疆也不足焉이라

宜其自責而自恧焉이요

【훈음】 畫(≒止) 멈출 획 疆 지경 강 恧 부끄러울 뉵

멈추려 해도 차마 〈멈출〉 수 없고,
힘쓰려 해도 〈힘이〉 부족하니,
스스로 꾸짖고 스스로 부끄러워해야 마땅하리.

41-5

五十而知非요 九十而作抑이라

斯古之自力也도 尙不懈于一息이라

포
勉之哉勉之哉어다 自暴自棄는 是何物邪아

【훈음】 抑 누를 억 懈 게으를 해 暴 사나울 포 棄 버길 기

〈거백옥蘧伯玉은〉 50세에 잘못을 깨닫고, 〈위 무공衛武公은〉 90세에 억시抑詩를 지었네.
이들 스스로 힘쓴 옛사람도 오히려 숨 한번 쉬는 동안도 게으르지 않았으니,
힘쓰고 힘쓸지어다. 자포자기自暴自棄하는 이는 어떤 자인가?

50에 나이를 잘못을 알다 五十而知非

춘추시대 위衛나라 대부 거백옥蘧伯玉이 나이 50이 되었을 때 지난 49년 동안의 잘못을 깨우쳤다는 고사가 전한다. 《회남자淮南子》 〈원도훈原道訓〉

90에 억시抑詩를 짓다 九十而作抑

춘추시대 위衛나라 무공武公이 95세가 되었을 때에 신하들에게 자신을 늙은이로 취급하여 버리지 말고 경계하라고 부탁하면서 〈억抑〉이라는 시를 지은 뒤에 날마다 옆에서 암송하면서 자기에게 들려주게 했던 고사가 전하는데, 그 시는 《시경》 〈대아大雅〉에 실려 있다.

VIII. 송찬류(頌讚類)

송頌은 공적을 기리는 것이다. 찬贊은 찬讚과 같으며 역시 기리는 뜻을 함축하고 있다.

그런데 송頌은 흔히 돌에 새겼다가 한漢나라 이후에는 대체로 돌에 새기는 일이 적어졌다. 찬贊은 원래 사가史家 이외에는 잘 짓지 않았으나 사마상여司馬相如가 짓기 시작하면서부터 차차 문인 사이에 유행하게 되었다.

42 酒德頌 술의 덕을 칭송하다

유령劉伶(?~300?)

유령은 서진西晉의 사상가로 죽림칠현竹林七賢의 한 사람으로 술을 몹시 즐겨 〈주덕송酒德頌〉을 남겼다. 이 글은 술의 미덕을 칭송한 글로 무위사상을 칭송한 죽림칠현에 어울린다.

42-1
有大人先生하니 以天地爲一朝하고 萬期爲須臾하며 日月爲扃牖하고 八荒爲庭衢하여 行無轍跡하고 居無室廬하여 幕天席地하여 縱意所如하며 止則操巵執觚하고 動則挈榼提壺하여 唯酒是務하니 焉知其餘리오

【훈음】 須 잠깐 수　臾 잠깐 유　扃 빗장 경　牖 창문 유　轍 바퀴 철　跡 자취 적　廬 집 려
縱 맘대로 할 종　如 갈 여　操 잡을 조　巵 술잔 치　執 잡을 집　觚 술잔 고　挈 끌 설
榼 술통 합　提 끌 제　壺 병 호　焉 어찌 언

【어휘】 須臾 : 잠깐의 짧은 시간.
• 扃牖 : 창문
• 八荒 : 온 세상. = 팔굉八紘.
• 轍跡 : 경로. 과정.

#15 以A爲B : A를 B라고 여기다

'萬期爲須臾'부터는 '以'가 생략된 형태인 '(以)A爲B'의 구조이다.

#32 A是B : A를 B하다

'A是B의 是'는 도치의 패턴에 사용된 어조사인데, 이 밖에 'A之B'(#31), 'A而B'(#33)에 사용된 '之, 而'도 동일한 역할을 하는 한자이다.

대인선생大人先生이란 사람이 있었는데, 천지의 〈개벽을〉 하루아침(一朝)으로 여기고 만년을 잠깐의 시간(須臾)으로 여기며, 해와 달을 창문으로 삼고 세상을 뜰과 거리로 삼아, 가는 곳은 일정한 곳이 없고 머무는 곳도 일정한 거처가 없어, 하늘을 장막으로 삼고 땅을 자리로 삼아서 마음 가는(如)대로 하며, 머무르면 술잔을 잡고 움직일 때면 술병을 끌고 술병

CV167350

을 차고서 오직 술 마시기를 일삼으니, 어찌 그 나머지 일을 알겠는가.

42-2

有貴介公子와 搢紳處士가 聞吾風聲하고 議其所以하여 乃奮袂攘衿하고 怒目切齒하여 陳說禮法하여 是非鋒起어늘 先生於是에 方捧甖承糟하여 銜盃漱醪하며 奮髯箕踞하고 枕麴藉糟하여 無思無慮하여 其樂陶陶라

【훈음】 搢(=縉) 꽂을 신 紳 큰 띠 신 奮 떨칠 분 袂 소매 몌 攘 물리칠 양 衿 옷깃 금
鋒 칼 끝 봉 捧 받들 봉 甖 술단지 앵 糟 지게미 조 銜 재갈 함 漱 양치질할 수
醪 막걸리 료 髯 수염 염 箕 키 기 踞 걸터앉을 거 藉 깔개 자 陶 기뻐할 도

【어휘】 搢紳處士 : 높은 벼슬아치.
• 箕踞 : 두 다리를 키처럼 뻗고 키처럼 앉음.
• 陶陶 : 매우 즐거운 모양.

존귀한 공자와 진신처사搢紳處士들이 나의 소문을 듣고서, 〈그렇게〉 행동하는 까닭〔所以〕을 비난하여 소매를 떨치고 옷깃을 헤치며 눈을 부라리고 이를 갈면서 예법禮法을 말하자, 시비是非가 벌떼처럼 일어났다〔鋒起〕. 선생은 이때 막 술단지를 받들고 술통을 잡고서 술잔을 물고 술로 입을 헹구며 수염을 떨치고 두 다리를 뻗어 걸터앉아 누룩을 베고 술지게미를 깔고 앉아서, 〈아무런〉 생각도 근심도 없이 그 즐거움에 흐뭇해하였다.

42-3

兀然而醉하고 恍爾而醒하여 靜聽에 不聞雷霆之聲하고 熟視에 不見泰山之形이라 不覺寒暑之切肌와 嗜慾之感情하여 俯觀萬物擾擾焉을 如江漢之載浮萍이요 二豪侍側焉을 如蜾蠃之與螟蛉이러라

【훈음】 兀 흐리멍텅할 올 恍 황홀할 황 醒 깰 성 雷 우레 뇌 霆 천둥소리 정 切 끊을 절
肌 살갗 기 嗜 즐길 기 慾 욕심 욕 擾 번요할 요 萍 부평초 평 蜾 복숭아뻐 나
蠃 나나니벌 나 螟 마디충나방의 애벌레 명 蛉 잠자리 령

【어휘】 兀然 : 정신이 멍하고 알지 못하는 모양.
• 恍爾 : 뚜렷한 모양. = 황연恍然.

- 嗜慾 : 기호와 욕망. 주로 신체적 향락을 추구를 뜻한다.
- 蜾蠃 : 나나니벌.
- 螟蛉 : 애벌레. 빛깔이 푸른 나방과 나비의 애벌레.

A而 : A하게 (解 ☞ 34:2)

#8 A之B : A한 B / B한 A

'寒暑之切肌 嗜慾之感情'의 之를 'B한 A'와 'A한 B'의 구조로 각각 다르게 풀이하였는데, 앞 구에서 '추위와 더위의 살을 에는 고통'이라고 풀이하지 않고, '살을 에는 추위와 더위'로 바꿔 풀이한 것은 '寒暑之切肌'의 구조가 '명사+之+형용사/동사'의 구조이기 때문이다.

〈때로는〉 멍하니〔兀然〕 취하고 〈때로는〉 어슴푸레 깨어있어서, 조용히 들어도 우렛소리가 들리지 않고 자세히 보아도 태산의 형상이 보이지 않는다. 살을 에는 추위와 더위, 기호와 욕망의 감정도 깨닫지 못한 채, 만물을 굽어보면 어지러운 것이 마치 양자강과 한수에 부평초를 띄워놓은 듯하였고, 두 호걸豪傑이 옆에서 모시는 것을 마치 나나니벌이 애벌레〔螟蛉〕와 함께하는 듯하였다.

IX. 사부류(辭賦類)

산문散文과 운문韻文의 중간 형태의 시가詩歌이다.

굴원屈原의 〈이소離騷〉를 중심으로 하여 한漢나라 때 발전하였는데, 궁전의 장관壯觀, 도성의 번화함, 사냥의 호쾌함 따위를 그렸다. 시詩가 노래의 가사인 데 비하여 사부辭賦는 읊는 데 중점을 두고 있다.

43 漁父辭 어부의 노래

굴평屈平(B.C.343~B.C.277)

> 굴평은 자가 원原이어서 대체로 굴원屈原으로 칭한다. 춘추전국시대 초楚나라의 대부·시인이다. 회왕懷王의 좌도左徒를 맡아 활약하였으나 정적政敵들의 중상모략을 받아 자신의 뜻을 펴지 못하다가 멱라수汨羅水에 투신하여 죽었다. 이 글은 굴원이 조정에서 쫓겨난 뒤 강가에서 어부漁父와의 대화 장면을 통해 자신의 뜻을 밝히고 있다.

43-1

屈原이 旣放에 游於江潭하여 行吟澤畔할새 顏色憔悴하고 形容枯槁어늘 漁父見而問之曰 子非三閭大夫與아 何故至於斯오

【훈음】 潭 못 담　畔 물가 반　憔 수척할 초　悴 파리할 췌　枯 마를 고　槁 마를 고

【어휘】 枯槁 : 야위어서 파리하다.

• 三閭大夫 : 초楚나라의 왕족王族인 소씨昭氏·굴씨屈氏·경씨景氏의 삼가三家를 단속團束하는 장관長官의 지위.

旣A : A한 뒤에

非A與 : A 아닌가?

부정의문문은 대체로 반어의 패턴에 해당한다.

굴원屈原이 쫓겨난 뒤에 강가에서 서성이고 못가를 거닐며 시를 읊조릴 적에, 안색이 초췌하고 몸(形容)은 야위었다. 어부가 그를 보고서 물었다. "그대는 삼려대부三閭大夫가 아닙니까. 무슨 까닭에 이 지경에 이르렀습니까?"라고 하였다.

43-2

屈原曰 擧世皆濁이어늘 我獨淸하고 衆人皆醉어늘 我獨醒이라 是以見放이로라

【훈음】 醉 취할 취　醒 깰 성

#61 見A : A되다

CV167351

굴원이 말하였다. "온 세상이 다 흐린데 나만 홀로 맑고, 모든 사람들이 다 취했는데 나만 홀로 깨어 있었소. 그래서 추방되었소〔見〕."

43-3

漁父曰 聖人은 不凝滯於物하여 而能與世推移하나니 世人皆濁이어든 何不淈其泥而揚其波하며 衆人皆醉어든 何不餔其糟而歠其醨하고 何故深思高擧하여 自令放爲오

【훈음】 凝 응길 응 滯 막힐 체 淈 휘저어 혼탁하게 할 굴 泥 진흙 니 揚 드날릴 양
餔 먹일 포 糟 술찌게미 조 歠 마실 철 醨 삼삼한 술 리

【어휘】 凝滯 : 구애되다. 마음에 걸리다.
• 推移 : 일이나 사정이 시간에 따라 변해감.

#64 令A : A하게 하다

어부漁父가 말하였다.

"성인聖人은 외물外物에 얽매이지 않고서, 세속世俗과 함께 〈스스로를〉 변해가니, 세상 사람들이 모두 흐리면 어찌하여 그 진흙탕을 휘저어 그 물결을 일으키지 않으며, 모든 사람들이 다 취했으면 어찌하여 그 술지게미를 먹고 그 막걸리를 마시지 않으십니까.

무엇 때문에 깊이 생각하고 고결高潔하게 행동하여 스스로를 쫓겨나게 하셨답니까?"

43-4

屈原曰 吾聞之하니 新沐者는 必彈冠하고 新浴者는 必振衣라하니 安能以身之察察로 受物之汶汶者乎아 寧赴湘流하여 葬於江魚之腹中이언정 安能以皓皓之白으로 而蒙世俗之塵埃乎아

【훈음】 沐 머리감을 목 彈 튕길 탄 振 털 진 安 어찌 안 察 고결할 찰 汶 더러울 문
寧 차라리 령 湘 강 이름 상 葬 장사지낼 장 皓 흴 호 蒙 입을 몽 埃 티끌 애

【어휘】 察察 : 맑고 깨끗하다. 고결한 모양.
• 汶汶 : 더러운 모양.
• 湘 : 초楚나라 상수湘水를 이름. 굴원이 몸을 던져 자살하였던 곳이다.
• 皓皓 : 밝고 깨끗하다.

A之B者 : B한 A

B가 A를 꾸며주는 형태로, 身之察察은 者가 생략된 형태로 볼 수 있다. (解 ☞ 2:4)

寧A 安B乎 : 차라리 A할지언정 어찌 B하겠는가?

굴원이 말하였다.

“내가 듣기로는 ‘새로 머리감은 사람은 반드시 새로 갓을 털어 〈쓰고〉, 갓 목욕한 사람은 반드시 옷을 털어 〈입는다〉.’고 하니, 어찌 〈새로 씻어서〉 깨끗한 몸으로 남의 더러움을 받아들일 수 있겠소.

차라리 상수湘水의 물결에 뛰어들어 강 물고기의 뱃속에 장사葬事지낼지언정, 어찌 고결한 몸으로 세속世俗의 먼지를 뒤집어쓰겠소.”

43-5

漁父莞爾而笑하고 鼓枻而去하여 乃歌曰

滄浪之水淸兮어든 可以濯吾纓이요

滄浪之水濁兮어든 可以濯吾足이로다

遂去하여 不復與言하니라

【훈음】 莞 웃을 완　鼓 두드릴 고　枻 노 예　滄 차가울 창 ; 물이름　浪 물결 낭 ; 물이름
濯 씻을 탁　纓 갓끈 영

【어휘】 莞爾 : 빙그레 웃는 모양.
• 滄浪 : 한수漢水의 하류下流.

어부漁父가 빙그레 웃고는 노를 저어서 떠나면서 〈다음과 같이〉 노래하였다.

“창랑滄浪의 물이 맑거든, 내 갓끈을 씻을 수 있다오.

창랑의 물이 탁하거든 내 발을 씻을 수 있다오.”

마침내 떠나서 다시는 함께 말하지 않았다.

44 秋風辭 가을바람에 대한 노래

한 무제漢武帝(B.C.156~B.C.87)

한 무제는 중국 한나라 임금인 유철劉徹이다. 즉위 후 연호를 건원建元이라 정하고 백가百家를 축출하고 유가儒家를 숭상했으며, 영토를 적극적으로 개척하여 태평성세를 이루었다. 모두 9구句 65자字로 이루어진 글로, 통일된 제국의 군주로서 가을의 풍물을 배경으로 펼쳐지는 환락을 자랑스럽게 서술하였다.

44-1

上이 行幸河東하여 祠后土러니 顧視帝京하고 欣然하여 中流에 與群臣飮燕할새 上歡甚하여 乃自作秋風辭한데 曰

【훈음】 幸 거둥 행 祠 사당 사 顧 돌아볼 고 燕 잔치 연

【어휘】 行幸 : 제왕이 궁궐 밖으로 거둥함. 또는 제왕이 비빈妃嬪의 궁에 묵는 것을 이르기도 한다.
- 后土 : 토지의 신.
- 帝京 : 제왕이 거주하는 수도首都.
- 欣然 : 기뻐하는 모양.

- 曰 : 아래 독해에는 '다음과 같다'로 풀이하였으나, 본래 '曰'은 인용부호(" ")의 역할을 한다.

상上께서 하동河東에 거둥하시어 토지신(后土)에게 제사를 지냈다. 수도(帝京)를 돌아보며 흡족해하여 강 가운데 〈배를 띄워서〉 여러 신하들과 주연을 베풀 적에, 상께서 매우 기뻐하며 마침내(乃) 스스로 〈추풍사秋風辭〉를 지었는데, 다음과 같다(曰).

44-2

秋風起兮白雲飛하니 草木黃落兮雁南歸로다
蘭有秀兮菊有芳하니 懷佳人兮不能忘이로다
泛樓船兮濟汾河하니 橫中流兮揚素波로다
簫鼓鳴兮發棹歌하니 歡樂極兮哀情多로다
少壯幾時兮奈老何오

CV167352

【훈음】 兮 어조사 혜 雁 기러기 안 懷 그리워할 회 泛 뜰 범 樓 다락 루 船 배 선
濟 건널 제 汾 클 분;물 이름 揚 날릴 양 簫 퉁소 소 棹 노 도 幾 몇 기

【어휘】 黃落 : 낙엽.
- 佳人 : 신하들을 이르는 말.
- 樓船 : 다락이 있는 큰 배.
- 汾河 : 중국 산서성山西省을 남북으로 흐르는 강.
- 小壯 : 젊은 시절.

#46 奈A何 : A를 어찌해야 하는가?

A何如, 何如A, 如A何, A奈何와 같다.

- 兮 : 위의 문장의 호흡을 고르게 하거나 글자의 수를 맞추기 위한 어조사이다.

가을바람 불고 흰 구름은 일어나는데, 초목엔 낙엽지고 기러기는 남으로 돌아가네.
난초는 아름답고 국화는 향기로우니, 아름다운 임(佳人) 그리워 잊을 수 없네.
누선樓船을 띄워 분하汾河를 건너는데, 중류를 가로지르며 흰 물결 일으키네.
퉁소 불고 북치며 뱃노래(棹歌)를 부르니, 즐거움이 지극하니 슬픔도 짙네.
젊은 날은 얼마인가? 늙음을 어이할까?

한무제漢武帝, 만고제회도상

X. 기타

45 花王戒 화왕의 가르침

설총薛聰(?~?)

설총은 강수强首·최치원崔致遠과 함께 신라의 3대 문장가로 꼽힌다. 한당유학漢唐儒學을 중심으로 훈고학訓古學의 학풍을 따랐다. 이 글은 화왕花王인 모란이 아첨하는 미인인 장미와 포의위대布衣韋帶 차림으로 찾아온 백두옹白頭翁(할미꽃), 둘을 두고 누구를 택할까 망설이는 것을 보고 백두옹이 화왕에게 간언하는 내용이다.

45-1

昔 花王之始來也에 植之以香園하고 護之以翠幕한데 當三春而發艷하여 凌百花而獨出하니 於是에 自邇及遐히 艷艷之靈과 夭夭之英이 無不奔走上謁하되 唯恐不及이니이다

【훈음】 香 향기 향　園 동산 원　護 보호할 호　翠 푸를 취　幕 장막 막　艶(=豔) 고울 염　凌 압도할 능　邇 가까울 이　遐 멀 하　靈 뛰어난 인재 령　夭 예쁠 요　奔 달릴 분　唯(≒獨) 오직 유

【어휘】 花王 : 모란꽃.
- 三春 : 맹춘孟春·중춘仲春·계춘季春 가운데 세 번째 봄인 계춘, 즉 음력 3월.
- 艶艶(=豔豔) : 맑고 아름다운 모양.
- 夭夭 : 젊고 아름다운 모양.

A之B也 : A가 B할 때에

當A : A때가 되자

#27 自A及B : A에서 B까지

#37 無不A : A하지 않음이 없다 / 모두 A하다

〈신은 들으니〉 옛날 화왕花王이 처음 왔을 때, 그것을 향원香園에 심어 푸른 장막으로 보호했었는데, 늦봄이 되자 곱게 피어서 온갖 꽃들을 압도하며 홀로 빼어났답니다.

그러자, 가까이부터 먼 곳까지 〈가릴 것 없이〉 빼어난 인재들과 젊은 영웅들이 모두〔無不〕 달려와서 화왕을 뵙는데, 오직 〈다른 이와 비교하여〉 미치지 못할까 두려워했답니다.

CV167353

45-2
忽有一佳人하여 朱顔玉齒와 鮮粧靚服으로 伶俜而來하여 綽約而前曰 妾은 履雪白之沙汀하고 對鏡淸之海하여 而沐春雨以去垢하고 快淸風而自適한대 其名曰 薔薇라하오니 聞王之令德하고 期薦枕於香하니 王其容我乎아

【훈음】 鮮 고울 선 粧 단장할 장 靚 단장할 정 綽 가냘프고 맵시 있을 작 沙 모래 사 汀 물가 정 垢 때 구 薔 장미 장 薇 장미 미 令 아름다울 령 德 품행 덕

【어휘】 伶俜 : 외로운 모양.
- 綽約 : 얌전하고 아름다운 모양.
- 令德 : 아름다운 외모.
- 薦枕 : 침소를 받들다. 잠자리를 모시다.

• 其A乎 : 혹시 A하겠는가?

王其容我乎의 '其'는 부사로 사용되는 경우 '혹시, 아마, 어찌' 등으로 다양하게 풀이할 수 있는데, 여기서는 의향을 묻는 '혹시'가 적절하다.

별안간 한 아름다운 사람이 불그레한 얼굴과 하얀 이, 고운 단장에 아름다운 옷차림으로 홀로 찾아와서 다소곳한 맵시로 〈화왕의〉 앞으로 나아가 아뢰었습니다.

"저는 눈처럼 흰 모래톱(沙汀)를 밟고 거울처럼 맑은 바다 위를 마주하면서, 봄비에 목욕하여 때를 씻고, 맑은 바람을 쏘이며 유유자적하면서 사는데, 제 이름은 '장미'라 하옵니다. 〈평소〉 화왕의 아름다움을 듣고는, 향긋한 휘장 속에서 침소를 받들 것을 기약하였사온데, 왕께서 혹시(其) 저를 받아주시겠사옵니까?"

45-3
又有一丈夫하여 布衣韋帶하고 戴白持杖하고 龍鍾而步하여 而來曰 僕은 在京城之 外하여 居大道之旁하며 下臨蒼茫之野景하여 上倚嵯峨之山色한데 其名曰白頭翁이라 竊謂 左右供給이 雖足하여 膏粱以充腸이라도 茶酒以淸神하나이다

【훈음】 韋 가죽 위 戴 일 대 竊 사사로울 절 嵯 우뚝 솟을 차 峨 우뚝 솟을 아 膏 살찔 고

【어휘】 龍鍾 : 노쇠하고 못난 모습.

- 蒼茫(=滄茫) : 넓고 멀어서 아득한 모양.
- 白頭翁 : 할미꽃을 가리키는 말.
- 竊謂 : 개인적인 생각으로는. '竊'은 겸손을 나타내는 부사로 해석하지 않아도 된다.

또 한 남자가 있었는데, 베옷에 가죽 띠를 둘렀으며, 흰 머리에 지팡이를 짚었고, 늙고 병든 모습으로 걸어와서 말하였습니다.

"저는 경성京城 밖 큰 길 가에 살면서, 아래로 아득한 들판의 경치를 내려다보고, 위로는 높고 험한 산의 빛에 기대어 사는데, 그 이름은 백두옹白頭翁이라고 합니다.

개인적인 생각으로는, 주위에 〈거느리고 있는 자들이〉 제공하는 물품이 비록 풍족하여 기름진 음식으로 배를 채우더라도 차와 술로 정신을 맑게 해야 합니다.

뒷 내용

상자 속에 깊이 간직한 좋은 약으로써 기운을 도울 것이요, 영사靈砂로써 독을 제거하여야 할 것이옵니다. 그러므로 옛말에, '비록 실과 삼의 아름다움이 있더라도, 갈〔菅〕이나 사초〔蒯〕도 버리지 말라. 모든 군자는 결핍될 때를 대비하지 않음이 없는 것이다.' 하였습니다. 알지 못하겠습니다. 대왕께서 뜻이 있으신지요."

어떤 자가 아뢰었다. "이 둘이 함께 왔으니, 어떤 것을 취하고 어떤 것을 놓친단 말씀입니까."

화왕이 말하였다. "저 사내의 말도 일리는 있겠지마는, 그렇게 되면 아름다운 아가씨를 놓치게 되겠으니, 장차 어떻게 하였으면 좋단 말인가."

그 사내가 앞으로 나아가 아뢰었다. "저는 대왕을 총명하고도 의리를 아시는 분인 줄 알고 왔더니, 이제 보니 글렀습니다. 대개 임금된 분들이 간사하고 아첨하는 자를 좋아하고, 곧고 올바른 자를 싫어하지 않는 이가 드물었기 때문에, 맹가孟軻는 불우하게 일생을 마쳤었고, 풍당馮唐은 말단 벼슬로 머리가 희어졌습니다. 예로부터 이러하니, 낸들 어이하겠습니까."

화왕은 말하였다. "내가 잘못했다. 내가 잘못 했다."

46 讀燕巖集 《연암집》을 읽고

홍길주洪吉周(1786~1841)

> 홍길주는 홍석주洪奭周의 아우이다. 20살도 되기 전에 문장에 통하여 경전經傳에 정통하였으나 과거에 뜻이 없어서 평생 과장에 나가지 않다가 만년에 벼슬하였다. 이 글은 홍길주가 한 세대를 앞서 간 박지원朴趾源(1737~1805)의 《연암집》을 읽고 안타까움을 적은 감상문이다.

46-1

晨鼂起盥頮하고 施髮織虎坐巾於額하여 取鏡以炤하고 端其攲邪하니 人人之所同이라 然이나 余始冠施巾에 加二指眉上爲之度(도)하여 無對乎鏡炤라 繇是或旬月을 不對鏡하여 少壯之容을 今已忘之矣라

【훈음】 鼂(≒朝) 아침 조 盥 세수할 관 頮 세수할 회 施 풀 시 織 짤 직 額 이마 액
炤(≒照) 비출 소 攲 기울 기 邪 기울 사 端 바로잡을 단 繇(≒由) 말미암을 유

【어휘】 虎坐巾 : 탕건. 앞이 낮고 뒤가 높은 것이 마치 호랑이가 쭈그리고 앉은 것과 같다는데서 이름 붙였다.
- 攲邪 : 기울거나 비뚤어지다.

- 無對乎鏡炤 : 無[5]對[4]乎[3]鏡[1]炤[2]의 순으로 '거울로 비추는 것을 기다리지 않았다' 또는 無[5]對[3]乎[2]鏡[1]炤[4]의 순으로 '거울을 마주하여 비추는 적이 없었다'로 직해하는 경우를 생각해볼 수 있으나, 앞의 풀이가 '~할 필요가 없다'의 의미로 사용되므로 앞의 풀이 순서가 더 적절하다.

새벽에 일어나 세수하고 머리를 풀어 이마에 탕건宕巾을 올린다. 거울을 가져다 비춰보고 기울거나 비뚤어진 것을 바로잡으니 〈이는〉 사람마다 동일하게 하는 일이다.

그러나 나는 처음 관례冠禮하고 탕건을 쓸 때에, 눈썹 위로 손가락 두 개를 얹는 것으로 척도尺度를 삼아서 〈이후로는〉 거울을 비춰볼 필요가 없었다. 이로부터 혹은 열흘 〈혹은〉 한 달이고 거울을 보지 않아서 젊은 시절의 용모를 이젠 이미 잊었다.

CV167354

46-2

人有可與友者한데 同閈居幾年이나 未識面而去하여 以爲恨로되 我는 與我其近이 豈直同閈哉리오 今余不識(지)吾少時容를 不以爲恨은 何也오 千歲之前에 有人焉한데 其道德可師하고 其文章可法이어든 吾恨其不同時也라 百歲之前에 有人焉한데 志氣言議可觀也어든 吾恨其不同時也라

【훈음】 閈 마을 한 識 알아볼 식; 기억할 지

【어휘】 同閈 : 같은 마을.

豈直A哉 : 어찌 A에만 그치겠는가? / 어찌 다만 A뿐이겠는가?

- 余不識 … 何也 : 余不識吾少時容 不以爲恨 何也 (1 6 5 2 3 4 10 7 9 8 11 12)
- 千歲之前 有人焉, 百歲之前 有人焉 : 각각 '有人千歲之前', '有人百歲之前'과 같다.

사람 중에 함께 벗할 만한 사람이 있었는데 같은 마을(同閈)에 몇 해를 살다가 미처 얼굴도 익히지(識) 못했음에도 떠나가게 되자 〈나는〉 그 일을 안타깝다 여겼다. 〈그렇지만〉 나 자신이 나와 가까이 지낸 것이 어찌 다만(直) 같은 마을 사람뿐이었겠는가?

〈그런데도〉 지금 내가 나의 젊을 적 모습을 기억하지(識) 못하는 것을 안타깝다 여기지 않는 것은 어째서인가?

천년 전에 사람이 있는데 그의 도덕이 스승으로 삼을 만하고 그의 문장이 본받을 만하다면 나는 그 사람과 때를 함께하지 못한 것을 안타까워한다. 백년 전에 사람이 있는데 의지意志와 기개氣槪, 말과 의론議論이 볼 만하다면 나는 그 사람과 때를 함께하지 못한 것을 안타까워한다.

…중략…

46-3

今余取鏡而觀今之吾하고 披卷而讀其人之文하니 其人之文은 卽今之吾也라 明日에 又取鏡而觀之하고 披卷而讀之하니 其文卽明日之吾也라 明年에 又取鏡而觀之하고 披卷而讀之라 其文

卽明年之吾也라 吾之容老而益變하고 變而忘其故라 其文則不變이나 然亦愈讀而愈異하고 隨吾之容而肖焉已矣라

【훈음】 披 헤칠 피 愈 더욱 유 隨 따를 수 肖 닮을 초

#1 A卽B也 : A는 바로 B이다

愈A(而)愈B : 더 A할수록 더욱 B하다

#71 A已矣 : A할 뿐이다

지금 나는 거울을 가져다가 지금의 나를 살피고는, 책장을 펼쳐 그 사람의 글을 읽어 보니, 그 사람의 글은 바로 지금의 나였다.

이튿날, 또 거울을 가져다가 살펴보고, 책장을 펼쳐 그의 글을 읽어 보니, 그의 글은 이튿날의 나였다. 이듬해, 또 거울을 가져다가 〈나를〉 살펴보고 책장을 펼쳐 그의 글을 읽어 보니, 그의 글은 바로 이듬해의 나였다.

내 모습은 늙어갈수록 더욱 변해가고, 변할수록 옛 모습을 잊어버린다. 그의 글은 변하지 않지만, 더 읽을수록 더더욱 기이하고 내 얼굴의 변화를 따라 닮아갈 뿐이었다.

47 布告八道士民 전 국민에게 알리다

최익현崔益鉉(1833~1906)

> 최익현은 1906년 4월 74세의 고령으로 의병義兵을 일으켜 구국의병항쟁의 불씨를 점화시켜 일제강점기의 민족운동을 전개하였다. 최익현이 의병을 일으키면서 〈창의토적소倡義討賊訴〉를 발표하여 궐기의 의지를 표시한데 이어 이 글을 통해 항일의병의 궐기를 촉구하였다.

47-1

嗚呼痛哉라 今日國事를 尙忍言哉리오 古之亡國也엔 只宗社滅而已로되 今之亡國也엔 並人種而滅이라 古之滅國也엔 以兵革이로되 今之滅國也은 以契約이라 以兵革이면 則猶有勝敗之數나 以契約이면 則自趍覆亡之塗라

【훈음】忍 차마 할 **인**　革 갓옷 **혁**　契 맺을 **계**　勝 이길 **승**　數 운수 **수**　趍 달려 나아갈 **추**
覆 뒤집힐 **복**　塗(=途) 길 **도**

【어휘】宗社 : 종묘사직宗廟社稷의 준말. 왕조 국가의 한 왕조.
• 兵革 : 전쟁.

A之B也 : A에 B할 때에

A 시기 가운데 B라는 특정 상황이 벌어진 시기

#72 只A而已 : 다만 A할 뿐이다

#14 以A : A 때문이다

아, 원통하도다. 오늘날의 나랏일을 〈누군들〉 오히려 차마 말하겠는가.

옛날에 나라가 망할 때는 왕조王朝만 멸망할 뿐이었는데, 오늘에 나라가 망할 때에는 인종(민족)마저도〔並〕 멸망한다. 옛날에 나라가 망할 때에는 전쟁 때문〔以〕이었는데, 오늘날 나라가 멸망할 때는 조약 때문이다.

전쟁 때문이면 오히려 승패의 운수〔數〕라도 있지만, 조약條約 때문이면 스스로 망하는 길

로 달려 나아가는 것이다.

47-2

嗚呼라 去十月二十一日之變는 是或全世界今古曾有之事乎아 我有隣國이로되 而不能自交하고 使他人代交하니 則是無國也라 我有土地人民이로되 而不能自主하고 使他人代監하니 則是無君也라 無國無君하니 則凡我三千里人民이 皆奴隷耳오 臣妾耳라

【훈음】 變 변할 변 隣 이웃 린 監 볼 감 隷 종 예

【어휘】 臣妾 : 신하가 임금을 상대하여 자기를 낮추어 이르는 말.

아! 지난 10월 20일의 변고는 전 세계 고금古今에 일찍이 있었던 일인가.

우리에게 이웃나라가 있지만 독자적으로 외교하지 못하고, 다른 사람으로 하여금 대신 외교하게 하니, 곧 이는 나라가 없는 것이다. 우리에게 토지와 인민이 있지만 스스로 주체가 되지 못하고 다른 사람으로 하여금 대신 감독하게 하니, 곧 이는 임금이 없는 것이다.

나라가 없고 임금이 없으니, 곧 모든 우리 삼천리 인민이 다 노예奴隷일 뿐이며 신첩臣妾일 뿐이다.

47-3

夫爲人奴隷요 爲人臣妾而生은 已不如死矣온 況以彼狐欺狙詐之術之施於我者而觀之컨데 其不肯遺我人種於此邦之域者가 不啻較然矣라 然則雖欲求爲奴隷爲臣妾而生이나 寧可得哉리오

【훈음】 狐 여우 호 狙 원숭이 저 詐 속일 사 施 베풀 시 肯 하고자 할 긍 寧 어찌 녕

【어휘】 較然 : 분명한 모양.

A 已B 況C : A도 이미 B한데 게다가 C하다

不肯A : A하려고 하지 않다

不啻A : A할 뿐만이 아니다

- 其不肯遺我人種於此邦之域者 不啻較然矣 : 이 부분은 '不啻其不肯遺我人種於此邦之域者 較然矣'의 구조에서 도치된 것으로 보아야 글의 앞뒤 흐름이 자연스럽게 이어진다.

#44 寧A哉 : 어찌 A하겠는가?

무릇 남의 노예가 되고 남의 신첩이 되어 사는 것이 이미〔已〕 죽느니만 못하거늘, 게다가〔況〕 저들이 여우의 기만과 원숭이의 사기 같은 술수를 우리에게 베푼 것〔者〕으로〔以〕 살펴보건데, 다만〔其〕 우리 인종을 이 나라의 땅에 남겨두려고 하지 않는 것뿐만은 아님이 분명하다. 그렇다면 비록 노예와 신첩이 되어 살기를 구하려 하더라도 어찌 가능하겠는가?

최익현崔益鉉, 작자미상, 한국데이터산업진흥원 소장

48 郭氏之墟 곽씨의 빈 무덤 터

유향劉向(B.C.79?~B.C.8?)

> 유향은 전한前漢시대 학자이다. 상고上古로부터 진秦, 한漢에 이르는 부서재이符瑞災異(부符의 상서로움과 재앙이 다름)의 기록을 집성하여 《홍범오행전론洪範五行傳論》을 저술하였다. 이 글은 곽씨郭氏의 무덤을 돌보지 않는 까닭이 선과 악을 알면서도 실천하지 않고 없애지 않기 때문이라는 내용이다.

48-1

昔者에 齊桓公出遊於野라가 見亡國故城郭氏之墟하여 問於野人曰 是爲何墟오 野人曰是爲郭氏之墟니이다

【훈음】 遊 놀 유 城 성 성 郭 성곽 곽 墟 빈 터 허

【어휘】 齊桓公 : 제 양공齊襄公(B.C.716~B.C.643)의 아우. 이름은 소백小白. 춘추오패春秋五霸의 한 사람.

#1 A爲B : A는 B이다

옛날 제 환공齊桓公이 들로 나가 유람遊覽하다가 망국의 옛 성(故城)에서 곽씨郭氏의 폐허廢墟를 보았다.

제 환공이 시골 사람에게 물었다. "이곳은 무슨 폐허인가?"

시골 사람이 말하였다. "곽씨의 폐허입니다."

48-2

桓公曰 郭氏者曷爲墟오 野人曰 郭氏者는 善善而惡惡이니이다 桓公曰 善善而惡惡은 人之善行也로되 其所以爲墟者는 何也오 野人曰 善善而不能行하고 惡惡而不能去하여 是以爲墟也라하다

所以A者何也 : A한 까닭은 어째서인가? (解 ☞ 6:2)

환공이 말하였다. "곽씨는 어찌하여 폐허가 되었는가?"

CV167356

시골 사람이 말하였다. “곽씨는 선善한 것은 선하다 하고, 악惡한 것을 악하다 하였습니다.”

제환공이 말하였다. “선한 것을 선하다 하고 악한 것을 악하다 하는 것은 사람의 선행이거늘, 그의 〈유적이〉 폐허가 된 까닭[所以]은 어째서인가?”

시골 사람이 말하였다. “선한 것을 선하다 하되 선을 실천하지 못하였고, 악한 것을 악하다 하되 악을 버리지 못하였지요. 그래서 폐허가 되었답니다.”

49 戒強讓 억지로 권하지 말기

전겸익錢謙益(1582~1664)

> 전겸익은 중국 명나라 말기의 시인이다. 시에 뛰어났고 불교에도 밝았다. 저서로 《초학집初學集》 등이 있다. 이 글은 남에게 억지로 음식을 권하는 것은 강간이나 마찬가지라고 말하고 있다.

49-1

治具宴客이 **禮也**라 **然**이나 **一肴旣上**이면 **理宜憑客擧著**라 **精肥整碎**에 **各有所好**하니 **聽從客便**이 **方是道理**니 **何必強讓之**리오 **常見主人以箸夾取**하여 **堆置客前**한데 **汚盤沒碗**하여 **令人生厭**이라

【훈음】 宴 잔치 연　肴 안주 효　憑 맡길 빙　箸 젓가락 저　精 살코기 정　肥 비계 비　整 가지런할 정　碎 버무린 음식 쇄　讓 대접할 양　堆 쌓을 퇴　汚 더러울 오　盤 쟁반 반　沒 넘칠 몰　碗 그릇 완　厭 싫을 염

【어휘】 治具 : 음식을 준비하다.
- 宴客 : 손님을 초대하여 대접하다.
- 精肥 : 살코기와 비계.
- 整碎 : 정갈한 음식과 버무린 음식.
- 聽從 : 듣고 따르다.
- 沒碗 : 그릇이 묻힐 만큼 음식이 넘침.
- 生厭 : 싫증나다.

#64 令AB : A로 하여금 B하게 하다

음식을 준비하여 손님을 대접하는 것이 예의禮儀이다.

그러나 고기 한 점을 이미 〈상 위에〉 올렸다면 이치상 마땅히 손님의 젓가락질(擧著)에 맡겨야 한다. 살코기나 비계, 정갈한 것과 버무린 것에 각자 좋아하는 바가 있으니, 손님이 편의를 듣고 따르는 것이 바로 도리이니 왜 굳이 억지로 대접하겠는가?

〈내가 음식을 대접 받을 때면〉 항상 주인이 음식을 젓가락으로 집어서 손님 앞에 쌓아놓는 것을 보곤 하는데 〈이는〉 접시를 더럽히고 그릇을 넘치게(沒) 해서 사람으로 하여금 싫증

CV167357

이 나도록 한다.

49-2
須知客非無手無目之人이요 又非兒童新婦 怕羞忍餓니 何必以村嫗小家子之見으로 待之리오 其慢客也 至矣라 近日倡家에 尤多此種惡習하니 以箸取菜하여 硬入人口하니 有類強姦하여 殊爲可惡(오)라

【훈음】 怕 두려워할 파 羞 부끄러워할 수 嫗 할머니 구 慢 업신여길 만 倡 기생 창 硬 완강할 경 類 같을 류

【어휘】 怕羞 : 부끄러워하다. 수줍어하다.
• 小家子 : 신분이 미천하거나 가난한 사람.
• 倡家 : 기생집.

• 須知客非 … 怕羞忍餓 : 본래 '~을 반드시 알아야 한다'의 형태로 '須知'를 마지막에 풀이하여야 하나, 아래처럼 먼저 풀이해도 된다.

반드시 알아야 할 것은, 손님이 손이 없거나 눈이 없는 사람이 아니며 또 어린아이나 신부가 수줍어하거나 배고픔을 참는 것도 아니라는 점이다. 무엇하러 굳이 시골 노파나 미천한 사람의 식견으로 손님을 대접하려 하는가? 정말〔其〕 손님을 업신여기는 것이 지극하다.

요즘 기생집에 이러한 종류의 악습惡習이 특히 많다. 젓가락으로 음식을 가져다 완강하게 남의 입에 집어넣는데, 강간強姦하는 것과 마찬가지〔有類〕여서 매우 싫어할만한 것이다.

49-3
長安에 有甚好請客而菜不佳者라 一客問曰 我與君算相好乎아하니 主人曰 相好라 客跽而請曰 果然相好면 我有所求하니 必允許而後起라하니 主人驚問何求오 曰此後君家宴客이어든 求免見招라하니 合坐爲之大笑하다

【훈음】 算 생각할 산 跽 무릎 꿇을 기 允 허락할 윤 驚 놀랄 경

【어휘】 相好 : 서로 사이좋다. 서로 친밀하다.

#61 見A : A 당하다

장안에 손님을 초청하기를 매우 좋아하면서도 음식이 시원찮은 사람이 있었다.

한 손님이 묻기를, "나와 자네는 사이가 좋다고 생각하는가?"라고 하자, 주인은 "사이좋지!"라고 하였다.

손님은 무릎을 꿇고 간청하여 말하기를, "과연 사이좋다면 내가 바라는 바가 있으니, 〈자네가〉 허락해 주어야만 자리에서 일어날 걸세."라고 하였다.

주인이 놀라서 "무엇을 바라는가?"라고 묻자, 그 손님은 "오늘 이후로는 자네 집에서 손님을 초청하여 잔치를 열거든 〈내가〉 초대되는 일은 없길 바라네."라고 하니, 모든 좌석의 〈손님들이〉 그 때문에 웃었다.

50 桃園結義 복숭아밭에서 결의한 삼형제

모종강毛宗崗(1632~?)

모종강은 청淸나라 강희제康熙帝 때의 문인이다. 나관중의 《삼국지연의三國志演義》를 아버지인 모성산毛聲山과 함께 개작하였다. 이 글은 유비·관우·장비가 도원桃園에서 의형제를 맺는 상황을 묘사하고 있는 부분이다.

50-1

飛曰 吾莊後에 有一桃園한데 花開正盛이라 明日에 當於園中하여 祭告天地하고 我三人이 結爲兄弟하여 協力同心하여 然後可圖大事라 玄德과 雲長이 齊聲應曰 如此甚好라

【훈음】 莊 집 장 園 동산 원 正 때 마침 정 當 만날 당 祭 제사 제 協 아우를 협

【어휘】 飛 : 장비張飛(?~221). 중국 삼국시대 촉蜀나라의 무장.
• 玄德 : 유비劉備(161~223)의 자字. 중국 삼국시대 촉蜀의 제1대 황제.
• 雲長 : 관우關羽(?~219)의 자. 중국 삼국시대 촉蜀나라의 무장.

장비張飛가 말하였다. "우리 집 뒤에 도원桃園이 하나 있는데, 꽃이 핀 것이 때마침(正) 한창이오. 내일 도원 가운데에서 만나(當), 천지에 제사를 지내 아뢰고, 우리 세 사람이 결의하여 형제가 되어서 힘을 모으고 마음을 같이 한 뒤에, 큰일을 도모하는 것이 옳소!"

현덕玄德(유비劉備)과 운장雲長(관우關羽)이 한 소리로 호응하여 말하였다. "그렇게 하는 것이 매우 좋겠소."

50-2

次日於桃園中에 備下烏牛白馬祭禮等項하고 三人이 焚香再拜而說誓曰 念컨대 劉備關羽張飛는 雖然異姓이나 旣結爲兄弟하니 則同心協力하여 救困扶危하여 上報國家하고 下安黎庶라 不求同年同月同日生이요 但願同年同月同日死라 皇天后土는

CV167358

實鑑此心하사 背義忘恩하면 天人共戮하소서

【훈음】 項 종류 항 焚 불사를 분 誓 맹세할 서 劉 죽일 류;성씨 鑑 살필 감
背 등질 배 戮 죽일 륙

【어휘】 烏牛 : 검은 소.
• 等項 : ~ 등의 종류. = 등류等類.
• 說誓 : 맹세하다.
• 黎庶 : 백성. 여黎는 여민黎民, 서庶는 서민庶民의 뜻.

다음날 도원桃園 가운데에 검은 소와 흰 말, 제물 등의 종류를 갖추어 놓고, 세 사람이 향을 피우며 두 번 절하고 맹세하였다.

"생각건대, 유비·관우·장비는 비록 성은 다르지만 이미 결의하여 형제가 되었으니 곧 합심하고 협력하여, 〈백성의〉 어려움을 구제하고 〈나라의〉 위태로움을 바로잡아서, 위로는 국가에 보답하고 아래로는 만백성萬百姓을 편안케 할 것입니다.

같은 해, 같은 달, 같은 날 태어났음을 따지지 않고, 다만 같은 해, 같은 달, 같은 날 죽기를 바라오니, 천신天神과 지신地神께서는 진실로 이 마음을 살피시어, 〈만약 저희가〉 의리를 등지거나 은혜를 잊는다면 하늘과 사람들이 〈저희를〉 함께 죽이소서."

50-3

誓畢에 拜玄德爲兄하고 關羽次之하고 張飛爲弟하니라 祭罷天地할새 復(부)宰牛設酒하고 聚鄕中勇士하여 得三百餘人이라 就桃園中하여 痛飮一醉하더라

【훈음】 畢 마칠 필 罷 파할 파 宰 도살할 재 聚 모을 취 痛 힘을 다할 통

【어휘】 宰牛 : 소를 도살하다.
• 痛飮 : 실컷 술을 마시다. '통痛'은 '실컷'의 뜻.

맹세를 마치고 〈관우와 장비는〉 유비에게 절하여 맏형으로 삼았고, 관우가 그 다음이 되고, 장비가 아우가 되었다.

천지에 드리는 제사를 마치고는 다시 소를 잡아 술자리를 마련하고 마을 사람 중에 용사勇士들을 모아 삼백여 명을 얻었다. 〈이에〉 도원으로 나아가 실컷 술을 마시고는 모두 취하였다.

51 賊開花 백성을 등치는 요령

요원지姚元之(1773~1852)

> 요원지는 청淸나라 후기의 서화가이다. 시문 뿐 아니라 인물화와 화훼화花卉畫에 뛰어났다. 저서로 《죽엽잡기竹葉雜記》 등이 있다. 이 글은 관리들이 백성들의 괴롭히는 현실을 비판하고 있다.

51-1

州縣中差役之擾鄕民은 其述百端이라 同年程次坡禦史가 條陳川省積弊한데 有賊開花等名目이라

【훈음】 差 관직 이름 차　擾 재물 받을 요　禦 막을 어　條 가지 조　積 쌓을 적　弊 해질 폐

【어휘】 差役 : 토목, 건축 따위의 수고로운 일을 시키는 관청의 심부름꾼.
- 百端 : 가지각색. 여러 가지. 갖가지 방법.
- 同年 : 같은 해 과거에 급제한 사람.
- 程次坡 : 정백란程伯鑾(1779~1826)의 성과 자를 아울러 부르는 말. 한림원 수찬翰林院修撰을 지냈다.
- 川省 : 사천성四川省의 다른 이름.

주현州縣의 차역差役이 고을의 백성에게 재물을 받아내는 것은 그 방법이 갖가지다. 〈나와〉 같은 해 급제한〔同年〕 정 차파程次坡 어사御史(정백란程伯鑾)가 사천성四川省의 적폐積弊를 조목별로 진술하였는데, '적개화賊開花' 등의 명목名目이 있었다.

51-2

言民間遇有竊案이면 呈報之後에 差役將被竊鄰近之家로 資財殷實而無頂帶者를 扳出指爲窩戶라하여 拘押索(색)錢이라 每報一案할새 牽連數家하니 名曰 賊開花라

【훈음】 竊 훔칠 절　案 안건 안　呈 바칠 정　資 재물 자　殷 성할 은　實 실할 실　頂 정수리 정　帶 띠 대　扳 끌어당길 반　窩 움집 와　索 요구할 색　牽 끌 견　連 이을 련

【어휘】 竊案 : 절도사건.
- 殷實 : 넉넉하고 부유하다.

CV167359

- 頂帶 : 관직. 본래 청나라 때 관원들이 관冠에 달던 장식. = 정대頂戴.
- 扳出 : 뽑아 내다.
- 窩戶 : 장물아비.

〈그 내용은〉 민간에서 우연히 절도사건이 있으면, 보고를 올린 뒤에 차역差役이 장차 도적을 당한 인근鄰近의 집에서 재화와 재물이 넉넉하면서도 관직이 없는 자를 뽑아내어, 장물아비[窩戶]로 지목하여 〈그를〉 구금하고 압류해서 금전을 요구한다. 매번 한 사건을 보고할 때마다 몇 집씩 연루시키니, 〈이것을〉 이름 붙여 '적개화'라고 한다.

51-3

鄉曲無知하고 懼幹法網하여 出錢七八千至十數千不等한데 胥役欲壑旣盈이라야 始釋之하니 謂之洗賊名이라 一家被賊이면 即數家受累하니 如此數次면 殷實者亦空矣라

【훈음】 懼 두려울 구 幹 저촉될 간 網 그물 망 胥 서로 서 壑 골짜기 학 盈 찰 영 洗 씻을 세 賊 적 적 被 입을 피 累 묶을 루

【어휘】 鄉曲 : 시골구석. 시골구석의 사람.
- 胥役 : 서리胥吏와 차역差役.
- 受累 : 연루 당하다.
- 殷實 : 풍부하다. 부유하다.

旣A始B : A한 뒤에야 비로소 B하다

시골 사람[鄉曲]은 아는 것이 없고 법망에 저촉[幹]될까 두려워 금전을 내는 것이 7, 8천 냥에서부터 1만 수천 냥에 이르기까지 일정치 않은데, 서리胥吏와 차역差役의 욕심 구덩이를 다 채우고 뒤에야 비로소 그들을 석방해 주니, 이것을 '세적명洗賊名'이라고 이른다.

한 집이 도둑을 맞으면 곧바로 여러 집들이 연루連累되니, 이러한 일이 몇 차례 반복되면 넉넉하던 이들도 〈곳간이〉 텅텅 비고 만다.

51-4

有魯典史者가 刻一聯榜於堂한데 聯云 若要子孫能結果면 除非賊案不開花라하니 此川省之弊蠹나 正恐不獨川省爲然也라

【훈음】 魯 노나라 노;성씨 榜 붙일 방 蠹 좀 두 正 다만 정

【어휘】 典史 : 감옥과 포도捕盜에 관한 일을 관장하던 벼슬.

- 弊蠹 : 폐단. 폐해. 병폐.

除非A : A를 제외하면 / 오직 A만이 - '除是A'와 같다

不獨A : 단지 A만은 아니다

노 전사魯典史란 사람이 연구聯句 하나를 새겨 집 기둥에 붙인 것(榜)이 있는데, 그 연구에 이르기를, "만일 자손이 결실을 맺으려 하면 적안賊案이 아니면 꽃을 피우지 못하리."라고 하였다. 이것은 사천성의 폐단이지만 단지(正) 사천성만 그런 것이 아닐까 두렵다.

52 意見十二箇條 열두 가지 의견

미요시노 키요유키三善清行(847~918)

> 미요시노 키요유키는 평안시대平安時代 문인이자 벼슬아치이다. 문학박사文學博士를 지냈다. 본질과는 다르게 오늘날 변질되어 가는 불법佛法을 바로잡기 위해 지켜야할 내용을 적었다.

52-1

維摩最勝, 竪義僧等은 皆貧道修學之輩也라 一鉢之外에 亦無他資로되 而比年令之하여 盛儲僧綱竝聽衆之齋供하시니 非唯積饌成山이라 猶亦有酒如淮하여 已乖佛律하고 亦害聖化하니 伏望申誡僧綱하여 早立此禁하소서

【훈음】 維 바 유 摩 갈 마 竪 세울 수 輩 무리 배 鉢 바리때 발 儲 쌓을 저 綱 벼리 강 積 쌓을 적 饌 반찬 찬 乖 어그러질 괴 律 법 율 禁 금할 금

【어휘】 貧道 : 승려나 도사가 자신을 낮추어 이르는 말.
- 一鉢 : 바리때 하나라는 뜻으로, 비구승(比丘僧)의 생활이 소박함을 나타내는 말.
- 比年 : 근년近年.
- 聖化 : 임금이 백성 교화.
- 僧綱 : 사원의 관리와 운영의 임무를 맡은 관리.
- 齋供 : 부처 앞에 공양하다.

#7 非唯A 猶亦B : 오직 A일 뿐 아니다. 오히려 또 B이다

#6 已A 亦B : 이미 A하고 또 B하다

유마維摩·최승最勝·수의竪義 등 저희 승려들은 도를 닦는 무리였습니다. 바릿대 하나 외에 또 다른 재산이라고는 없었습니다.

근년에 그들에게 영을 내리시어 승관僧官과 청중의 공양供養을 저축하게 하시니, 오직 음식이 쌓여 산을 이룰 뿐만이 아니라 오히려(猶) 술 또한 회수淮水처럼 〈많아졌으니〉, 이미 불법을 어그러뜨린 데다 또한 성화聖化에도 방해가 되었습니다.

CV167360

엎드려 바라건대, 승관들을 훈계하시어 조속히 이를 금하는 법을 세우소서.

52-2
伏以上不率(솔)正이면 下自差忒이니 若卿相守法하고 僧統隨制면 則源澄而流自淸하고 表正而影必直이리이다

【훈음】 率 거느릴 솔 忒 변할 특 源 근원 원 澄 맑을 징 影 그림자 영

【어휘】 僧統 : 승려를 거느리는 관직 및 지위.

엎드려 바라건대(伏以), 위에서 바르게 통솔하지 않으면 아래에서 저절로 어그러집니다. 만약 경상卿相이 법을 지키고 승통僧統이 제도를 따른다면, 근원이 맑아져서 흐름이 절로 깨끗해지며 형체가 바르게 되면 그림자도 반드시 곧아질 것입니다.

부록

패턴 색인

- 색인의 범위는 원문의 패턴에 한함.
- 패턴 내 각각의 한자에 모두 제시함. 단, 동일한 한자가 2회 이상 포함된 패턴은 1회만 기록함.
  예: '不可不A'는 '不'과 '可'에 각 1회씩 제시함.
- 본 색인의 풀이는 실제 번역문과 가급적 유사한 형태로 제시함.
- '한자음 가나다 순'으로 배열함.

ㅇ

어휘 색인

- 본서에 수록된 어휘는 원문의 범위에 한함.
- 배열은 '한자음 가나다 순'으로 함.
- 동일한 어휘의 異形(동의어)이 다양하게 등장하는 경우 '대표 어휘'에만 작품번호를 제시함.
- 이형의 항목에는 '⇒' 뒤에 '대표 어휘'를 제시함.
- '대표 어휘'는 기초서임을 고려하여 대중서적이나 온라인상에서 흔히 등장하는 어휘로 선정함.

ㅈ

참고문헌

독본 등 교재류

- Paul Rouzer, 《A New Pratical Primer of Literary Chinese》(Harvard East Asian MonoGraphy 276),
- Cambridge and London, 2007.
- 加藤徹, 《白文攻略 漢文法ひとり學び》, 白水社, 2013.
- 이성화,《한문문장분류연구》, 스토리클래스, 2014.
- 김경수·김성룡, 《어순으로 푸는 단계별 한문해석》, 집문당, 2002.
- 동양고전정보화연구소 고전교육연구실, 《漢文독해기본패턴》, 전통문화연구회, 2018.
- 류종목, 《논어의 문법적 이해》, 문학과 지성사, 2000.
- 성균한문학교실, 《교양한문》, 성균관대학교 출판부, 1990.
- 小川環樹 西田太一郎 著, 《漢文入門》(岩波全書 233), 1957.
- 元泳義, 《蒙學漢文初階》, 1908.
- 元泳義, 《小學漢文讀本》, 1908.
- 鄭翼, 《漢文教授捷徑》, 1929.
- 중앙대학교 교양한문 편집위원회, 《교양한문》, 중앙대학교 출판부, 1990.
- 동양고전정보화연구소, 《四書독해첩경》, 전통문화연구회, 2019.
- 동양고전정보화연구소, 《漢文독해기본패턴》, 전통문화연구회, 2018.
- 富山房編輯部,《漢文大系》, 富山房, 1984.

사전, 문법 및 단행본

- Edwin G. Pulleyblank, 《Outline of Classical Chinese Grammar》(University of British Columbia), UBCPress, 2000.
- Georg von der Gabelentz, 《Chinesische Grammatik》, 1881.
- 강혜근 외, 《漢字同義語辭典》, 궁미디어, 2011.
- 郭錫良, 《古代漢語》, 商務印書館, 1999.
- 郭錫良, 《古代漢語語法講稿》, 語文出版社, 2010.
- 管敏義 지음, 서울대 동양사학연구실 옮김, 《고급한문해석법》, (주)창비, 2016.
- 김원중, 《한문해석사전》, 글항아리, 2013.
- 연세대학교 허사사전편찬실, 《허사대사전》, 성보사, 2001.
- 단국대학교 동양학연구소, 《漢韓大辭典》, 2008.
- 辭海編輯委員會, 《辭海》, 上海辭書出版, 1989.
- 商務印書館編輯部, 《辭源》, 商務印書館, 1987.
- 諸橋轍次,《大漢和辞典》, 大修館書店, 1968.
- 中文大辭典編纂委員會, 《中文大辭典》, 中國文化大學印行, 1993.

• 臧勵和 等編,《中國人名大辭典》, 中洲古籍出版社, 1993.
• 沈載東, 《알기쉬운 한문해석법》, 운주사, 1999.
• 梁啓超, 《중국고전학입문》, 형성사, 1995.
• 楊伯峻(1909-1990), 《古漢語語法及其發展》, 語文出版社, 1992.
• 呂叔湘(1904-1998), 《中國文法要略》, 商務印書館, 1956.
• 吳鴻清, 《古代漢語基礎》, 北京大學出版社, 2006.
• 王力, 《中國文法學初探》, 山西人民出版社, 2014.
• 王力, 《漢語史稿》, 中國圖書, 2013.
• 王力, 《漢語語法史》, 中華書局, 1989.
• 王力, 《古代漢語》1~4, 中華書局, 1999
• 王力, 《古漢語通論》, 中外出版社, 1976.
• 이상진, 《문화문고 한문문법》, 전통문화연구회, 2014.
• 周法高, 《中國古代語法》, 中央研究院曆史語言研究所, 1959.
• 최기천 저, 《중국어번역법》, 학고방, 2002.
• 崔完植·金榮九·李永朱 共著, 《漢文讀解法》, 明文堂, 2016.
• 김태수,《한문문법》, 한국학술정보, 2016.

학회지 및 논문

• 한국고전번역원, 《民族文化》.
• 한국어문교육연구회, 《語文研究》.
• 한국한문교육학회, 《한문교육연구》.
• 한국한문학회, 《한국한문학연구》.
• 한국한자한문교육학회, 《한자한문교육》.
• 정우상, 《漢文構造文法論考 : 之字를 中心으로》, 延世大學校 教育大學院, 1969.
• 최식, 《漢文讀法의 韓國的 特殊性》, 국제한국한자한문교육학회 학술대회, Vol.2011 No.1, 2011.
• 《四書三經諺解》(대학언해, 논어언해, 맹자언해, 중용언해)

주요 번역서

• 성백효, 《譯註 古文眞寶 - 前集》, 전통문화연구회, 2019.
• 김영문 외 역주, 《文選譯註》, 소명출판, 2010.
• 오초재 외 역주,《고문관지》 1~5, 역락, 2013.
• 이가원 외 번역,《동문선》 1~12, 한국고전번역원, 1982.
• 안병주 외 번역,《麗韓十家文抄》, 한국고전번역원, 1997

데이터베이스

• 「동양고전종합DB」, http://db.juntong.or.kr
• 「中國哲學書電子化計劃」, http://ctext.org
• 「한국고전종합DB」, http://db.itkc.or.kr

• 「한문독해첩경」, http://jtlink.kr/VB
• 「한국경학자료집성」, http://koco.skku.edu
• 「漢典」, http://www.zdic.net
• 「일본국립도서관」, https://www.ndl.go.jp

도판 참고자료 및 출처

• 《古聖賢像傳略》
• 《萬古際會圖像》
• 《三才圖會》
• 《孔子聖績圖》
• 《聖賢像讚》
• 《五經圖彙》
• 《周禮圖說》
• 《周易傳義大全》
• 《中國歷史地圖》
• 《至聖先賢半身像》
• 《和漢三才圖會》
• 국립전주박물관
• 문화재청국가문화유산포털

한문독해첩경 문학편 17,000원

2021년 07월 30일 초판 발행
2024년 11월 30일 초판 2쇄

編　　著　朴相水 李和春
　　　　　李祉坤 元周用
企劃 · 編輯　漢文讀解捷徑 研究 · 編輯委員會
校　　閱　南賢熙
教育 · 研究　元周用 李聖敏
裝　　幀　申洋先

弘報 · 普及　申洋先
管　　理　李和春
發 行 人　金 炫
發 行 處　社團法人 傳統文化研究會
서울 종로구 삼봉로 81 두산위브파빌리온 1332호
전 화 : (02)762-8401　전 송 : (02)747-0083
홈페이지 : juntong.or.kr
등 록 : 1989. 7. 3. 제1-936호
총 판 : 한국출판협동조합(070-7119-1750)

I S B N　979-11-5794-287-9　04700
　　　　979-11-5794-196-4　(세트)